本书编委会

主　任　欧志雄

副主任　温建军

主　编　江铁军

编　委　余　彦　　李宏标　　李　聪　　陈思颖

　　　　区杰英　　何秀波　　谢利燕　　张懿元

岭海镇臣

刘永福

广州市天河区博物馆 编

暨南大学出版社
JINAN UNIVERSITY PRESS

中国·广州

图书在版编目（CIP）数据

岭海镇臣刘永福/广州市天河区博物馆编 . —广州：暨南大学出版社，2018.6
ISBN 978 - 7 - 5668 - 2403 - 5

Ⅰ.①岭… Ⅱ.①广… Ⅲ.①刘永福—传记 Ⅳ.①K827 = 6

中国版本图书馆 CIP 数据核字（2018）第 121502 号

岭海镇臣刘永福
LINGHAI ZHENCHEN LIUYONGFU

编者：广州市天河区博物馆

出 版 人：徐义雄
策划编辑：黄圣英
责任编辑：亢东昌
责任校对：黄佳娜
责任印制：汤慧君　周一丹

出版发行：暨南大学出版社（510630）
电　　话：总编室（8620）85221601
　　　　　营销部（8620）85225284　85228291　85228292（邮购）
传　　真：（8620）85221583（办公室）　85223774（营销部）
网　　址：http：//www.jnupress.com
排　　版：广州市天河星辰文化发展部照排中心
印　　刷：广州市穗彩印务有限公司
开　　本：787mm×1092mm　1/16
印　　张：7
字　　数：99 千
版　　次：2018 年 6 月第 1 版
印　　次：2018 年 6 月第 1 次
定　　价：29.80 元

引　言

　　清朝中晚期，在国家命运和民族前途发生危机的紧急关头，为维护国家主权、捍卫民族尊严，刘永福不屈不挠地抗击外敌入侵，曾在中法战争中配合清军共同阻击法军，并多次取得胜利。中日甲午战争时，为帮办台湾防务。在反割台斗争中，率部与台湾人民共同抗击日军。刘永福以骁勇善战闻名，纵马横刀征战，以血肉之躯守护江山。他的忠诚和信义，他的业绩，他的威望，他的传奇，虽然历经百年的风吹雨打，却能长久留存在中华大地，如珠江水长流不息，永不枯涸。刘永福的忠贞节义，将永存于中华大地，续于后世，激励后人。

目 录
CONTENTS

童　年

　　刘永福，晚清名将。名建业，后改永福，字渊亭。祖籍广西博白东平，清道光十七年（1837）9月11日生于广东钦州古森峒小峰乡（今属广西壮族自治区防城港市）。

　　刘家世代务农，家境清贫，自远祖以来，以仁善为家训，以慈善为己任，深得族人敬重。因逢岁荒，生活无着，举家迁到广西上思州平福新圩八甲村。他自小仁孝聪颖，随父习武，学拳棒，好击剑，技艺过人，十一岁就到滩艇做帮工。十七岁时，八月，母陈氏病故，以薄板殓之；十一月，父病逝，因家贫只能以床板合葬之；十二月，叔父逝，以草席草草葬之。父母去世后，他变卖家私杂物以偿还先人债务，无以为家，便借住邻乡高凤村陆二叔屋廊，靠打鱼砍柴维持生计。翌年，他远走越南芒街打工。刘永福素来慷慨大方、仗义疏财，乐于为人义诊疾患，或用微薄的薪金帮助别人，人们都喊他"义哥"，这或许是因为他在家中子女中排行第二（"二"与"义"粤语同音），久而久之，本名建业反被忘却，"刘义"成了他的名字。

刘永福

黑旗军的头领

　　刘永福只身远走他乡之时，正是中国剧变之际。道光二十年（1840）爆发的中英鸦片战争，以清朝失败并签订《南京条约》告终。战后的割地赔款使中国的社会和经济发生了重大的变化。在清政府的压迫下，农民起义风起云涌，尤其洪秀全领导的太平天国运动，是中国历史上最大规模的农民运动。受洪秀全太平天国起义的影响，两广天地会起义怒潮澎湃。在这样的背景下，刘永福回到家乡。咸丰七年（1857），二十岁的刘永福与李保哥、哥利三人离家投奔隆州迁隆寨天地会，开始了他曲折而颇具传奇色彩的军事生涯。为了求得安身之地，刘永福先后投过几支农民队伍。在郑三部下，他们常常是风餐露宿，食不果腹。不久，李保哥因病身亡。虽然郑三重义气，但刘永福还是先后转投吴二、王士林部。

　　王士林拥兵数千，算是天地会起义军中规模较大的一支队伍，在上思县竹朴一带占山为王，劫富济贫。刘永福艺高胆大，屡立战功，很快得到王士林的器重，成为主力战将。一次，盘踞在右江一带的地主武装，发兵攻陷王士林所占据的太平府城。王士林率兵回师，与地主武装激战十多天都不分胜负。正当敌我双方相持不下时，刘永福显示出了他的军事才能。他先是献计重兵围城，使城内守军外无接济、内无存粮，致其军心涣散；进而再献计组织敢死队登城偷袭，一举收复了太平府城。然而，在长期的攻城略地战中，王士林沾染了土匪习气，纵容部下烧杀掳掠，抢劫大量金银珍饰和绘画，而布帛、衣服、青钱等笨重物品则全部被散弃在道路两旁，"归顺城内外典肆巨宅，悉遭劫夺"。出身贫苦，与农民有着深厚感情的刘永福，无法忍受王士林背弃农民起义军宗旨的种种劣行，下决心寻找更适合自己的起义队伍。

几经辗转，刘永福投身到了黄思宏的起义队伍。原是上思土豪的黄思宏，借天地会起义之机占山为王，成为当地较有影响力的农民起义军首领。然而，同治四年（1865），当太平天国起义失败的消息传到广西后，黄思宏扔下队伍自顾逃亡，后转投起义军王士林部。失去了主帅的起义军乱作一团，刘永福只好领着十几个兄弟下山投靠安德吴阿忠起义军。半路上，随后赶来的黄思宏旧部百余人追上并加入了刘部。二十九岁的刘永福，成了这支两百多人的队伍领头人。

黑虎将军与黑旗军

  吴阿忠的父亲吴凌云于咸丰二年（1852）乘太平天国运动风起云涌之际，在新宁州高举反清旗帜，建立了延陵国政权，踞守在陇罗一带。延陵国修筑土城，任命官员，派军队驻扎各乡，取消各种苛捐杂税，鼓励农民耕作生产。太平天国运动失败后，各地清军和地主武装团练大举追杀农民起义军，吴凌云起义军及延陵国属下州县相继陷落，吴凌云在突围中战死，吴阿忠率领余部在靖西县安德镇三台山继续进行反清斗争。吴阿忠对刘永福的精忠信义早有所闻，十分赏识，当即将其所带来的两百余人编为一旗，以刘永福为旗头，并给象牙印一颗，文印曰"左翼先锋前敌关防"。

  刘永福童年时曾做过一个黑虎将军的梦，梦见一位白须垂胸的老人在他耳边不停地呼他为"黑虎将军"，他很快就把这件事情传了出去，大家都相信他就是黑虎将军。刘永福决定以安德墟北帝庙周公手持的三角形七星旗为帜，于是择吉日备猪羊牲礼率部至庙前祭旗，并在神灵前盟誓"官贵毋相忘，忧患毋相弃"。黑旗军由此初创。

安德墟北帝庙遗址

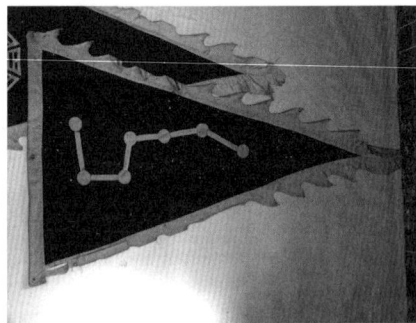

黑旗军军旗

首战南雁　再战安德

自从黑旗军加入吴部以来，吴阿忠如虎添翼，声威大振，远近乡村争相派人献送银圆粮米，起义军队伍亦不断壮大。

在吴部，刘永福率军首战南雁。南雁距安德五十里，地势险要，山路崎岖，不易进攻。当地人恃险踞守，拒不投降。刘永福指挥黑旗军冒险冲锋，逼迫南雁守军退入山寨，不敢出来。在大部队围困三天后，南雁守军终于无力抵抗，放下武器，出来投降。南雁之战为刘永福黑旗军作前锋的首战，刘永福勇往向前，锐不可当。南雁既下，远近乡村震惊，当即纳粟输诚，送粮送银，服从管治。

咸丰二年（1852），清朝广西镇安府招兵合围吴阿忠起义军，而王士林、黄思宏也在重赏的诱惑下出兵攻打安德吴部。两军交战前，王士林、黄思宏派人带一百两黄金秘密潜入刘永福大营，企图以旧部情谊收买刘永福，却被其严词拒绝，并称"叛之不义"。战斗打响后，刘永福摆下龙门阵，迎战王士林、黄思宏部，双方对阵数日，不分胜负。刘永福派遣敢死队于半夜偷袭敌营，歼敌无数，沉重地打击了敌军的气焰。余敌弃营逃跑，被黑旗军追击到龙林、三角塘一带，两军又大战数日，王士林、黄思宏部最终招架不住，弃寨狂奔六百里，败走太平府。

自南雁之战以来，刘永福每战必胜，夺获抬枪、土炮甚多。吴阿忠赏识刘永福，要把自己的妹妹许配给他，刘永福点头应允。但在吴阿忠死后，这桩婚事便不了了之。

扫除了这些地方势力后，刘永福移师那猛、那永两地，编列商家户籍，规定各村按人口核定每月缴纳军饷数量，制定黑旗军纪律条例，不准强买强卖，不准欺行霸市，打击黑恶势力。在刘永福的治理下，当地社会秩序稳定，乡民安心生产，商家买卖兴隆，呈现出一派生机勃勃的景象。

太平天国运动被镇压后，全国的农民运动逐渐走向低潮，但处于西南偏僻之地的广西仍有太平军的余部和天地会起义军活动。同治六年（1867）秋，清政府调集数倍于起义军的清兵进剿广西，采取堡垒合围战术，妄图将起义军一网打尽。

在凤仪洲至锦城绵延数十里的大小山头或低地，百营两万余名清兵伐木建寨，步步为营，向吴阿忠起义军逼近。清军兵分三路进攻起义军盘踞的归顺城，双方自日出战至日落，起义军打得清军几无招架之力，节节败退。吴阿忠被眼前的小胜利冲昏了头脑，因而松懈战备。三日后，形势急转直下，清军组织强大的火力再次进攻，吴阿忠在战中被击中脚部而仆地，险些被清军营兵砍杀，幸被黑旗军救回。至此，起义军转入劣势，一败再败，只好退回归顺城死守。清军则在城外建营立帐，不断增兵围困，企图将起义军困死于城内。随着时间的推移，城内的存粮日渐减少，城外运输线又被切断，起义军很快就陷入断粮危机。为了保存力量，吴阿忠命令各旗自行设法度过时艰。刘永福带着黑旗军外出筹粮，逾期未归，遭吴阿忠痛骂。寄人篱下而始终不得志的刘永福，最终决定脱离吴阿忠，另谋出路。

转移北圻

越南国土呈狭长形，分为北、中、南三部分，被称为北圻、中圻、南圻。其大部分国土与我国广东、广西、云南三省毗连，边界绵延近三千里，其间山林川泽交错，两国居民杂处，向来和睦相待，友好往来。

当时越南北部的多个州均被部族土豪霸踞称雄，遭到烧杀抢掠，官军屡次进剿都无功而返。

刘永福为了躲避清军的围堵追杀，于同治六年（1867）初冬率黑旗军离开波斗，轻装向中越边境方向实行战略转移，其间翻越两国边界的大岭，途经安礼圩、高平圩、照阳关，遁入越南北部边境。他们夜行昼伏，翻山越岭，最后到达越南芒街。在那里，刘永福住了四五个月，并与早前派往越南北圻太原打探军情的农秀业等人会合，最后抵达六安圩。为了安身立脚，刘永福投奔于越南政府属下作宣光团勇头目，被授予"八品百户衔"。自此，刘永福自树一帜，与潘哥招、邓亚英、陆金、刘凤岗、王芝莲等20余人一同拜天地誓盟："同心协力，永不反悔。"从此，刘永福成为黑旗军的核心人物。

照阳关

布竹枪阵破越南"苗匪"

强悍且人多势众的白苗部族派兵驻扎在靠近中越两国边境及红河边地的大山里，滋扰生事，强迫边民依附。越南官军屡次清剿都铩羽而归。

刘永福进入北圻六安州后，亮出帮助越南政府靖乱的旗号，成立中和团，保护村民利益，实行以钱易货的政策，提倡公平交易，逐渐取得了村民的信任。白苗土霸不甘失去六安，发兵攻击黑旗军，反被刘永福略施小计，打得退入大山。几天后，白苗土霸扬言要将黑旗军斩尽杀绝，血洗边境各村，遂再次调动近万苗兵疯狂扑向六安。村民得知后惶惶不可终日，接二连三地派人向刘永福求救。刘永福接受了乡民的请求，并立下誓言：不除白苗土匪决不收兵。

为了迎击来犯之敌，刘永福带领部将到大营外观察敌情，他看见寨前数里田野干涸，野草丛生，决定打一场"竹签战"。于是命令黑旗军及当地村民削制竹签，插入寨前田地及山坡两侧；同时兵分两队，一队埋伏在大营栅栏外和山坡两侧，另一队手持火药枪隐蔽在田地待敌。是日，白苗兵蜂拥而至，在密集枪弹的掩护下冲向刘永福大营。当进入伏击圈时，刘永福下令发炮，走在最前面的白苗敢死队猝不及防，死伤惨重。而埋伏在山坡两侧的黑旗军乘机出击，打得苗兵晕头转向。跑在前头的苗兵踩中竹签倒下，被后面逃命的苗兵践踏，结果被竹签插穿胸背而死者无数。

刘永福深谙"擒贼先擒王"的道理。为了彻底铲除白苗土匪势力，他用反间计智杀白苗总督盘文义，白苗土匪迅即瓦解，四散溃逃，再无反扑之力。

刘永福铲除了越南政府多年无法解决的地方土霸大患，越南君臣齐声称赞:"巨患悉除,万民戴德,朝廷倚俾,有若长城。"刘永福遂被越南王授予"七品千户衔"。消息传开,中越边民额手称庆,纷纷担粮送食慰劳,并请求刘永福继续庇护。自此六安百姓安心耕种,买卖兴旺,"烽烟不警,鸡犬无惊"。

剑指保胜

同治七年（1868），刘永福把目光瞄向了"为云南来往之冲，形势尤为险阻，市面更觉热闹"的保胜（今越南老街）。保胜距离六安不远，粮食丰裕，军饷补给有保障。粤人何均昌早年加入广东天地会，后拥兵自立，遁入越南，盘踞保胜，设关收税，横行乡里，百姓怨声载道，这正好为黑旗军取而代之提供了一个绝好的时机。

保胜

同治八年（1869），刘永福整兵誓师，进军保胜，步步为营，稳扎稳打，直达通往保胜的咽喉之地龙鲁埠。何均昌慌忙在龙鲁河对岸筑起营盘，调兵拦截。趁何均昌仓促调兵、阵势未稳之际，黑旗军涉水过河攻袭，何部招架不住，退守保胜，黑旗军收缴弹药粮米无数。

龙鲁是云南开化盐运必经之道，刘永福设关抽收盐税和苏杭布匹杂货等税，加上乡民主动送粮送食，很快就解决了黑旗军的军饷问题，免除了后顾之忧。

在军饷充足的基础上，刘永福率军直捣保胜，与何部在城外酣战数月，屡战屡胜，何部被迫退回保胜，固守不出。

为了对付黑旗军，何均昌网罗各路土匪共同对抗刘永福。他部署河阳土匪黄崇英率部由六安、龙鲁从下往上打，截断刘永福去路；云南土匪张来庆率兵会同部将杨明共数千人马从保胜往下攻击。两头夹攻，上下截击，欲使刘永福进退无路，束手待毙。

在敌众我寡的情况下，刘永福避免与黄崇英发生正面冲突，反而借黄崇英之手来对付何均昌。他假意屈从于黄崇英，主动迎接他进入保胜，把最好的营房让其驻扎，以博取他的好感。果然，何均昌被黄崇英夺去霸主地位，只好带着残部逃往他处。于是，刘永福铲除了以何均昌为首的地方割据势力，被越南王授予"保胜防御使"的职衔。

挤走何均昌后，刘永福与黄崇英为争夺保胜地盘，展开了长达五六年之久的角逐战。对垒之初，双方兵力对比悬殊，黑旗军不过八百，黄崇英军却有数万之众。黄崇英秉性躁急，绰号"频忙四"，又名"盘轮四"，原是吴阿忠起义军中的一个头目，吴阿忠起义军失败后，他率领余部退往中越边境一带，不断扩张势力，占有宣光、兴化、太原、谅山等七省大部分州县，逐渐沦为土匪势力，声名狼藉。越南军队数次出兵，攻打不克，越南王遂命刘永福黑旗军前往痛剿。刘永福率黑旗军进攻保胜黄崇英部，凡有攻战，刘永福一定作为先锋冲入敌阵，累挫黄军锐气，以壮军心。在两军的轮番攻击中，刘永福智斗黄军，屡战屡胜，威震敌胆。

一次，黑旗军从炮台瞭望到黄军先锋队携带大量枪支和火药煲穿行在小巷中，便派人在横巷点燃火药掷向黄军，引爆了队中的火药，黄军先锋队几无生者。黄崇英连忙撤往河对岸抵挡，以挖地道炸营、水淹军营等计谋，妄图置刘永福于死地。刘永福以其人之道还治其人之身，反挖地道火攻黄营,组织敢死队半夜偷袭,搅得黄崇英如惊弓之鸟,坐卧不安。攻打保胜的总攻号打响后,黑旗军从街头进攻,内应黄宝盛从街尾往前打,形成首尾夹攻之势,炸崩了黄营的后座。接着黑旗军架人墙翻入大营,黄军仓皇出逃,又受两路围困,只能跳入河里逃命。在黑旗军火炮的猛烈轰击下,黄军全军覆灭,而黄崇英本人得以侥幸逃回河阳。随后刘永福率军进入保胜,发安民告示,施惠布恩,抚恤百姓,威名传四方。许多人远道而来,请求加入黑旗军,当地人也纷纷向其寻求庇护。

筑室垦田

入主保胜后，黑旗军把守关卡要隘，打击顽劣地痞，保护乡民；实行轻税薄赋，减轻乡民负担；营造安定环境，让乡民安心生产，市面繁荣。保胜一带原来的生产相对落后，有不少地方还保留着刀耕火种的传统。黑旗军为他们送去了在中国老家时的生产知识和耕种工具，改善了当地耕种条件。刘永福组织黑旗军屯田垦荒，自食其力，以保障军饷；分田土给新参军者耕种，让他们自力更生，减轻军队负担。黑旗军的屯田得到了越南政府的许可，因而得以在天府镇一带的山中垦荒，并获得了耕牛和种子耕种。由于黑旗军坚持屯田，保胜地区的经济面貌发生了较大的变化。初时，这一地区树木丛杂，虎狼为患，行人要结伴才敢往来。田里种的玉米成熟后，猴群蜂拥而出采摘，数十顷玉米，一夜之间被摘尽。黑旗军来这里治理之后，猴群四散东西，再也不敢来了。黑旗士兵部分"半兵半民"，他们住在家里，平时从事耕种和手工业，遇有战况便迅速集结，奔赴战场。刘永福还鼓励和发展民间正常商业贸易。除派黑旗军沿途护送商旅过境，还实行公平买卖，商店铺头开设起来，市面也热闹起来，云南那边的开化、马白、临安等处都有牛车来献贺。黑旗军中也有和商人合股做生意的，他们大多买日常用品，再贩卖到十洲去，又从十洲收购土特产回来。黑旗军"安分营生，种植贸易，不扰其民"。在刘永福的精心治理下，保胜地区成为越南北部山区最繁华的地区之一。

助平帮子乱

同治八年（1869）11 月，广西提督冯子材奉命出关入越，围剿广西天地会吴阿忠余部。冯子材，钦州（今属广西）人，时任广西提督，有"大力将军"的美誉。

冯子材与刘永福同为钦州人氏，冯子材久闻刘永福在中越边境襄助越南政府铲除土匪恶霸的事迹，便派人将五品蓝翎功牌送与他，请他助战。刘永福欣然受命，挑选士兵编为福字营两营，以悍将农秀业为统带，向河阳进发，与冯军联合。在清军和黑旗军的进攻下，天地会黄崇英不战而退。收复河阳后，清军退回中国边境。此为刘永福与清军合作之始，也是福字营之始。

黄崇英听闻清军退兵，立刻引兵占据河阳，进犯六安，扼守顿关，进逼保胜。刘永福担心保胜守军兵力薄弱而抵挡不住黄军的进攻，即率黑旗军主力绕十洲回师保胜。

适逢十洲发生帮子乱，孟寨派人请求刘永福派兵平乱。帮子是云南边境山野土人，自称法术无边、刀枪不入，当地人畏之如虎狼，虽有刀枪亦不敢与之抗衡，任其宰割蹂躏。目睹

冯子材

十洲乡民所受之苦后，刘永福挥师进寨，与帮子交锋，打得帮子落花流水。

接着孟礼州又来请兵去解围。原来帮子被刘永福赶出孟寨后纠合残部围困孟礼州，窜扰乡民，奸淫抢掠，无恶不作。孟礼州土官刁文墀无力解困，遂向刘永福乞援，并派船百余艘前往迎候。刘永福慨然应允，率部登船至孟礼州。刘永福指挥黑旗军火速上前救助，接连十余日杀死、杀伤帮子近百人，孟礼州遂恢复往日平静。

罗池斩首安邺

  咸丰十一年（1861），法国将侵华军主力投向越南，翌年迫使越南签订《同法国和西班牙的友好条约》（第一次西贡条约），逐步取得对越南南部的统治权。进入 19 世纪 70 年代，法国又将殖民势力向越南北部扩张，一度攻占东京（今河内），目的是打通一条便捷的通道，将其势力扩张至中国的云南、贵州等西南内陆地区。

  同治十一年（1872）10 月，法国军火商堵布益以亡命之徒组成"远征队"，配备炮舰，入侵东京湾（北部湾）。

  同治十二年（1873），法国西贡总督杜白蕾指派海军上尉安邺为司令官，于 11 月 5 日抵达河内。安邺带着欧洲冒险家 26 名、雇佣军 125 名，分乘内河炮舰 2 艘、汽船 4 艘、小火轮 1 艘，一路冲进红河三角洲的东京湾，燃起战火，胁迫越南王交出河内城。河内巡抚阮知方之子上城督战，被法军花炮击毙。法军入城后捉获阮知方，阮拒不投降，绝食而亡。阮氏父子死后，安邺攻陷河内、海阳、宁平、南定四省，加速向北圻推进。阴通法军的黄崇英也阴谋起乱。外侵内乱，对越南安危构成重大威胁。在此危急之际，越南阮氏王朝急派北圻统督黄佐炎前往保胜，请求刘永福黑旗军支援，共同抗法。在越南政府的力邀下，刘永福立即调遣吴凤典、凌德选、班晚等干将并黑旗军千余人日夜兼程，越山西，过丹凤，入怀德，翻宣光大岭，抄小路，走捷径，疾驰千里到达河内城西门外扎营。而被派与黑旗军协同作战的越南军则驻扎在黑旗军后，并无派一兵一卒到阵地前沿。刘永福不计得失，仍与越南北圻督统黄佐炎商讨，制订先围后攻的作战计划，收复河内。

  11 月 21 日，法军司令官安邺亲率"远征军"出城挑战。刘永福率黑旗军在城外西郊罗池迎战。当日，两军交战未至几个回合，刘永福便调转马头佯退诱敌，安邺策马率军尾追而上，中了黑旗军的埋伏。伏兵从两翼杀出，刘永福立即调头冲向敌阵，各营紧跟在后，长枪、短枪、大刀、长矛齐发，攻势相当猛烈。被拖入伏击圈的法军猝不及防，安邺在慌乱中跌倒在地，黑旗军虎将吴凤典快步冲上前，斩下了安邺的头颅。主帅被斩，帅旗折落，法军连忙撤回河内城。当他们逃跑至西门外聚集等待入城时，身后穷追不舍的黑旗军蜂拥而至，纷纷举刀痛斩法兵。城内法军胆破心寒，守在城里不敢出战。刘永福派重兵围困城池，截断法军粮食补给，并立即赶制云梯强行攻城，以迫使法军退出河内。

这一仗，黑旗军大获全胜，歼灭法军数百人，缴获大批军械，取得助越抗法的首战大捷。越南王命刘永福权充三宣副提督，赐印赏冠服，命其负责越南北圻宣光、兴化、山西三省防务，控扼法军企图入侵中国的通道——红河上游。

罗池大捷

　　罗池之役，是法国在远东的第一场败仗。当法军惨败的消息传到巴黎时，引起了法国社会的震动。为了挽救败局，法国向越南提议停战和谈，并以扣押越南谈判代表的方式来胁迫黑旗军解除对河内的围困。然而，刘永福坚决要与法军决一雌雄，组织黑旗军先锋队翻城暗袭，使得法军坐卧不安，犹如一团乱麻。正当刘永福准备发动更大规模的进攻时，越南军却强行收去攻城云梯，逼迫黑旗军拔队回山西，撤到怀德、丹凤一带驻防。

　　同治十三年（1874），法军强迫越南政府订立《法越和平同盟条约》（第二次西贡条约），攫取了控制越南外交和红河通航等特权，使越南实际上成为法国的保护国。

勇闯十三关

同治十三年（1874）正月，被刘永福打败而逃亡的黄崇英势力也乘法军进攻之机，迅速纠集人马重新占领北圻宣光、兴化、太原、谅山等七省百余州县。越南政府惊恐万分，再次将刘永福推到战场前沿，命刘永福率黑旗军开赴顿关，阻击黄军南进。

双方交战不到几个回合，在黑旗军的奋力冲杀下，顿关的黄军兵败如山倒，大片失地得以收复。黑旗军稍事休整，又马不停蹄地扑向保河关。由于通往保河的水陆路都被黄军围困，双方力量悬殊，黑旗军屡攻不下，被迫退回顿关。刘永福接报后亲自奔赴顿关部署作战，遣曾七、黄宝盛、何得志、黄廷扬带兵回守保胜，招纳黄守忠等八百游勇随军作战。黄军在从保胜至顿关的路上，凭借天险设置了十三个关隘，号称"水泄不通、鸟飞不过"。众将以十三关险峻，敌军又重兵把守，力阻刘永福亲自挂帅出兵，刘永福谢绝众人好意，说道："我自田间起，提三尺剑冲锋陷阵，历数百战未尝有失，此去当无妨。且生平行事素以仁义为依归，老天爷会保佑我的，大家尽管放心。"刘永福带领卢玉珍（广西贵县人）等八十名勇士钻山绕道，勇闯十三关。

潜行至第一关时，刘永福以闪眼为号，部众手起刀落，不用多久就将二百余守敌收拾得干干净净，举着第一关的旗帜，担着缴来的枪支火药去闯第二关，照此连过各关。

有一次，黑旗军途经山边时碰到一支百来人打着蓝旗的队伍。刘永福先频频向对方打招呼，对方以为是自己人，边答边向他们走来。当敌方走近时，刘永福与部众迅速举枪齐射，连毙数十人，顺利闯关。

在闯关的十八天里，黑旗军打了十三关，行了十八日山路，路上刘永福身先士卒，手拿大刀开路，其中曲折湾环，羊肠小道，崎岖险阻，都是未曾见过的。黑旗军历尽艰难险阻，终于抵达龙篑。在龙篑，刘永福以黑旗军为前敌先锋，会同越南军向黄崇英军发动了猛烈的攻击。他勇猛地闯入敌阵中，挥舞着大刀用力砍杀敌人，突然被乱枪射中脚眼倒地。军医冲入阵中为他包扎，并将其送回大营休养。刘永福苏醒后坚持重回战场，改乘轿子继续指挥战斗。在刘永福不怕牺牲、英勇无畏的精神鼓舞下，农秀业、黄守忠、梁八等统带黑旗将士冒死冲锋杀敌，打死、打伤敌人无数。夜半时分，刘永福趁败兵登船逃命之机，命令火炮狠打敌船，黄军顿时船歪人倒，尸横江滨。

黑旗军攻下龙篑，打通了被黄崇英封锁近十年的顿关水道。久候在河面的船只相继驶入关内，风帆猎猎，蔚为壮观。粮道打通后，黑旗军的粮草和军需源源不断地运抵大营，仓廪丰厚，士饱马腾，军容整肃。越南统督黄佐炎由衷地称赞刘永福的黑旗军"英勇无敌，北圻长城"。

负隅顽抗的黄崇英纠合残兵再次扑向湖宁、立石，攻下湖宁后穿过临洮，攻击府城。刘永福奉命策马回师兴化，将黑旗军分为杨老快一队，吴凤典一队及黄正典、梁八一队，共三队呈现品字形犄角策应，并号令各营先行以零星枪弹诱敌前行，再待敌将至时枪炮齐发，陷敌于死地。黄军猝不及防，抵挡不住黑旗军一连串猛烈的枪弹炮火，夺路而逃。黄军旗兵扛着帅旗跑到前面吆喝，刘永福用马刀将帅旗劈成两半，吓得旗兵转身逃跑。黄军元帅从旁杀出，举铫刺向刘永福，反被刘永福转身挥刀斩去，差点丢了性命。

越南军武正理率兵千余人和一头大象前来助战，并从山西运来铜炮十余尊，日夜打炮攻城，炮声隆隆，攻势猛烈。刘永福又率军赶赴湖宁，连续激战数昼夜，俟敌登船半渡时发炮轰击，打沉十余艘敌船，击毙数百人，将湖宁攻下。接着进军立石，横扫黄军，收复失地。越南统督黄佐炎闻报，知黑旗军连克湖宁、立石两县，称赞刘永福为真英雄。刘永福说：

"我百战余生，每以临阵为乐，若不临阵，将士怎肯用命，大丈夫上马杀贼，不是虚名。"

此后，宣光、兴化、山西所属州县安然无事，鸡犬不惊。此役，黑旗军冲锋陷阵，奋勇杀敌，过关斩将，流血牺牲，立下累累军功。越南王封刘永福为正领兵，允许他在保胜设关收税以用作黑旗军军饷。

打通红河

由于被黄崇英封关多年，红河一带梗塞不通，严重影响了黑旗军的粮草运输和漕运赋税征收。刘永福决定打通红河，进军宝河关，恢复漕运，保障军需。

越南统督黄佐炎担心刘永福去后黄崇英来打，刘永福说："黄军占领七省我都收复了，现在各省安然无事，倘若黄军来攻，你有越兵尽可守卫无虞。"黄佐炎为此无可奈何。刘永福点起战船十艘，粮食五千斤，统率黑旗军大队人马向宝河关进发。

黄崇英闻报后，乘越南山西空虚之际派兵进犯。越兵望风而逃，弃关失地，黄军很快就打下敦江府，重占湖宁、立石等处。越南政府担心黄崇英勾结法国侵略者乘机出兵，侵占北圻山西七省及红河流域一带，于是派遣兵部尚书阮福说、宗室梅带领四千兵力反攻河内以西的山西，截断黄军弹药接济，长驱直抵湖宁，收复失地。此役有力地牵制了黄崇英的攻城略地行动，为黑旗军攻打宝河关提供了有利的战机。

黄崇英在宝河关驻有近万兵力，覆盖十洲及红河流域一带，为了打败刘永福，他特意从河阳调遣两千兵力前往救援。面对数倍于己的敌人，刘永福派遣吴凤典往钦州、东兴招兵买马。杨著恩带数百人来投，黑旗军再添战力。面对近万黄军，刘永福镇定自若，密令全军削竹弧枪插满周围的山麓田地，再次以竹签阵迎击顽敌；调派重兵逼近敌营，围困山隘，截断粮道。最终，黄军粮食断绝，弃关逃跑。刘永福开红河，通商贸，河上百舸争流，一派热闹景象。在与黄崇英军的角逐战中，刘永福率黑旗军出生入死，浴血奋战，战功显赫。越南王升授刘永福为三宣副提督，送印一颗，印文曰"山西兴化宣光副提督英勇将军印"，又御赐葵花浆绒衫一件。越南历来大小官员均无送印先例，此次是越王破格之举。后来刘永福生长女，名英娇，就是取英勇将军之"英"字以纪念之。

进军河阳

同治十三年（1874）10月，越南政府为全歼黄崇英匪帮，调动了北圻兴化、谅山、高平、宣光四路大军进军河阳，命三宣副提督刘永福率黑旗军两千人由保胜直趋宝河关助战。兴化巡抚阮飞举到宝河关督粮。翌年2月，越南陈提督、文官阮正襄等到宝河会合后，由六安至宝河再到河阳。

黑旗军抵达六安地界时，守关的黄军望见黑旗，已经怯战，才打了几个回合就弃关逃跑。黑旗军一路上连破七关，把万余敌军打得七零八落、狼狈不堪。其中在安龙顿一关，高山峡岭中筑有坚固的工事和十数个天花寨，互为声援，易守难攻，且守关元帅邓士昌英勇果敢，能打善战。刘永福得知邓士昌是勇将黄守忠的朋友，有意将其纳入门下重用，于是写信给他道："良禽择木而栖，良臣择君而仕。以元帅半年英勇，矫矫不群，正当弃暗投明，造成正式事业，无需助贼为虐。"以此来劝他弃暗投明。两天过后，刘永福放心不下，再次写信争取他。邓士昌被刘永福礼贤下士之举感动，同意反水投奔。在邓士昌的里应外合之下，黑旗军连破七关，攻破安龙主寨，士气昂扬。

时清政府命令蔡督办出兵会剿黄崇英，统领四十营，由保禄出发，进至蔗梁时被黄军陈阿水部截击围困，进退维谷，请求刘永福出兵取前后夹攻之势打破围困。刘永福当即组织敢死队二十人，并每人配备劈山刀及短枪各一把，又选二百人为先锋队，各持长枪，由杨老快、陆天球、方兴邦三人统率，攻取山顶营寨。他又率数十人返西宝关，请越军提督派兵千人沿河进至山顶之七八里，筑成一条大路；再请越水师协管用船将大炮运至前线应用。部署完毕，刘永福坐镇西宝河，传令各营严守关卡，设闸派哨，严查过往行人，防止黄崇英逃跑。在黑旗军和越南军队的围攻堵截下，黄崇英领着数百残兵败将向十洲方向狼狈逃跑，途中被随从半夜拿刀砍杀，身上的金条也被抢走。劫后余生的黄崇英醒来后在山上乱窜，被瑶民捕获后送官府请赏，最终被蔡督办及越南官府判处极刑。

之后，黄崇英余党高十二再次纠集数千人攻占河阳，刘永福闻报，率黄守忠、邓士昌及三千兵力开赴河阳歼敌。此时，适逢广西提督冯子材奉命围剿中越边境绿林游勇，得知刘永福军在河阳与土匪对峙，当即率兵前往助战。两军合围狠打顽敌，将黄崇英余部一网打尽。

光复太原

　　克复河阳后，冯子材部将李扬才在钦州倡议起乱，妄想自作越南王，招募游民数千人进入越南北部，攻取谅山、北宁等地。清朝闻报，即遣管带田福志领两百杆新式锁头枪绕道入谅山，在谅山城内驻扎，不许李部入城。李部被广西谅山守军打死、打伤百余人后，李扬才又怂恿法国侵略者出兵攻打越南北圻，勾结法军入踞北宁城。越南统督黄佐炎奉命率兵两千、大象两只、硝磺数百担进入谅山，半路上遭遇李部，立马败走。黄佐炎于是要求刘永福出兵助战。

　　刘永福接令后连夜飞柬调遣黄守忠、邓士昌、吴凤典、杨著恩四路人马到保胜会合，然后开赴山西与越南军一起赶往河内以东的北宁。法军风闻斩杀法国安邺的刘永福正向北宁开来，自忖无法招架，未开战已逃跑。觊觎北宁已久的李扬才虽得知法军出逃，但慑于刘永福的威势，也不敢前往迎战，遂转攻太原。于是，刘永福命黑旗军驰援太原，兵分五队摆成品字形阵势，打得李扬才部丢枪弃甲。这时，广西提督冯子材奉命率兵数千人及其子冯相荣日夜兼程驰往太原，加入战斗。在黑旗军、越南军和冯子材部三方合击下，李扬才部弃寨出逃，太原光复。

　　战后，刘永福因配合清军"围剿"活动于越北的黄崇英、李扬才部武装，被清政府授予四品顶戴。未几，云南巡抚岑毓英以助清剿逆有功，封刘永福游击职衔。游击，为清代绿营兵军官，职位仅次于参将，分领营兵。然而，云南抚院给刘永福的不过是虚衔而已，因为黑旗军军饷仍要刘永福自行筹划，清朝并未拨给一点军饷。对此，刘永福却不以为意，继续领着黑旗军转战北圻，次第收复河阳、十洲等地。

黑旗虎将

在与黄崇英军长达数十年的角逐战中，刘永福指挥黑旗军勇猛杀敌，不怕流血牺牲，屡战屡胜，立下显赫战功，锤炼出"黑旗四虎将"——左六吴凤典、左大杨著恩、河阳黄守忠、义子刘成良，威震四方。

吴凤典（1840—1906），又名泰，字雅楼，别称智仁，壮族，广西上思县那琴乡上伴屯人，刘永福妻妹之夫。早期加入吴凌云农民起义军，后散落越南，聚集五六十人，自为首领。同治十年（1871），他从东潮（越南地）率队伍到保胜投刘永福，被任为黑旗军左营管带。在河内城郊罗池战役中，吴凤典一刀砍下法军司令安邺的头颅，被越南王授予防御同知衔（从六品）。光绪八年（1882）5月，在河内城西纸桥战斗中受伤，被越南政府升授为宣慰副使，任副领兵营。光绪十年（1884），黑旗军被改编为清军，分12个营，由刘永福、吴凤典和黄守忠督带。吴凤典带福字正左、副左、副右和亲兵右营4个营，不久升为守备衔，后又升为都司补用，并赏戴花翎。后随刘永福黑旗军赴台湾抗日，回内地后复任雷州参将。后逝世于家中，享年66岁。清政府诰授吴凤典为"龙虎将军"。

杨著恩，又名智仁，号肫卿，钦州沙尾街人。早年丧父母，由祖母抚养成人。武监生出身，从小勤学好武，身躯魁伟，膂力过人，生性豪爽，原为地方武装首领。同治十三年（1874），刘永福派吴凤典自越南回广西东兴招兵，他带领百余人投奔，为黑旗军右营管带。在纸桥战役中，他被法军子弹打伤双腿，坐在地上指挥战斗，一次又一次向法军射击，最后胸部中弹牺牲。

　　黄守忠，字荩臣，俗呼"北江黄"，祖籍山东青州益都白马镇，生于广西上思（今宁明县北江）。原姓罗，因入赘黄家，遂改姓黄。早年加入太平军，不久被推为首领。为避开清军的追剿，率部进入越南。26岁时，他聚集八百人出关追随刘永福，为黑旗军前营管带。在黑旗军抗法斗争中，参战百余次，一向作先锋，故有"黑旗黄三"之称。光绪十一年（1885），因与刘永福有矛盾，转投清军唐景崧部。后随唐部入关，以军功晋升为副将，任景安军督带，赏戴花翎，诰封三代。十年后调任江南两江督标、广忠军统领。后释兵家居。

　　刘成良，刘永福义子，聪明乖巧，忠心赤胆。光绪二十年（1894）7月，随刘永福赴台参加台湾保卫战，为黑旗军旗店驻兵二营的统带，率军在旗后炮台拼死抵抗日军，直至弹绝粮尽。

　　黑旗名将邓士昌，为人朴实，足智多谋，能打善战，屡立战功。韩伯铭，广西南宁人，弱冠补弟子员，才华横溢，任黑旗军右营营将，每战时必冲锋在前，勇猛杀敌。曾七，钦州防城人，弃许元林投靠黑旗军，心思缜密，谋略过人，常作先锋，攻敌克营，屡立战功。

　　此外，还有农秀业、叶成林、陈亚蒙、卢玉珍、杨老快、何立、方兴邦、陆天球及麦陆守等一批干将。刘永福曾说："黑旗军转战频年，于枪林弹雨之中，身先士卒，出生入死，力冒万险，可谓百战余生。惟所攻必克，有胜无败，今日复一城，明日克一县，敌人丧胆，我武扬威！"

　　黑旗军在战争中发展壮大，成长为一支战无不胜、攻无不克的劲旅，由最初的二百余人发展到二千余人，以保胜、十洲为根据地，影响北宁、太原、谅山、高平、宣光、兴化等地，成为抗击法国侵略者和打击地方土匪的主要军事力量。特别是在河内罗池大战中斩死法军主帅安邺、大败法国侵略者的辉煌战绩，让西方国家和清廷对黑旗军刮目相看。

　　为了留住刘永福黑旗军以抵御外侮，固国强疆，越南政府专门在兴化建造了三宣提督公署，请刘永福入住，正式"为越官而行越事"，督办宣光、兴化、山西三省军务，并特加赠刘永福父亲为中议大夫、太仆寺卿。越南王更给刘永福下谕旨："尔虽系新附，而屡立战功，有心图报，朕亦待之如本朝臣子，尔既与统督大臣商定，朕皆听从，俾卒所图。宜加感奋，悉心干办早清，德懋懋官，功懋懋赏，朕不食言。"

纸桥大捷

法国总理茹费里

19 世纪 80 年代，法国从普法战争的失败中复苏过来，重新谋求世界霸权，其国内大资产阶级强烈要求扩大对外侵略。光绪七年（1881）7月，法国总理茹费里登台组阁，决定增兵越南，说服议会通过了增加三千万法郎和增派一万五千名法军士兵的议案。次年 3 月，法国试图夺取越南北部并强行开放红河，西贡总督卢眉命法国交趾支那舰队司令李维业（一译李威利）为东京远征军司令，派其率七百多人，乘铁甲舰沿红河北上进攻河内等地，扬言要为安邺报仇，悬赏万元捉拿刘永福，悬赏十万元攻取黑旗军根据地保胜。

此时适逢刘永福回乡省亲扫墓，越南王钦命其速回对付法军。命令传到黑旗军，部将们极为不满，认为入越十五年来受到的是不公平待遇，越南阮氏王朝"战则用之，不战则弃之"的态度使人反感；各级官吏武将对黑旗军猜疑生妒，从不为立下无数战功的刘永福上奏请功，也不发给黑旗军枪械军饷；多年以来言而无信，使黑旗军中拒战情绪强烈，有部将更表示"不受调度"。

雄心勃勃要扩张法国势力的李维业，于光绪九年（1883）3月25日率七艘兵船及八百兵力攻占河内以南的南定，南定华侨组成华勇营与越军一同抵御。在法军的强势攻击下，华勇营弹绝撤离，越南提督阵亡，总督逃跑，法军进入南定。河内、南定相继失守，越南北部战事吃紧，中国云南省边防更加紧张。越南政府力请黑旗军出战，前后六次调度，刘永福都按兵不动，致使南定被法军攻破，越南大小文武官员被革职，统督黄佐炎亦受革职处分，朝野人心惶惶。

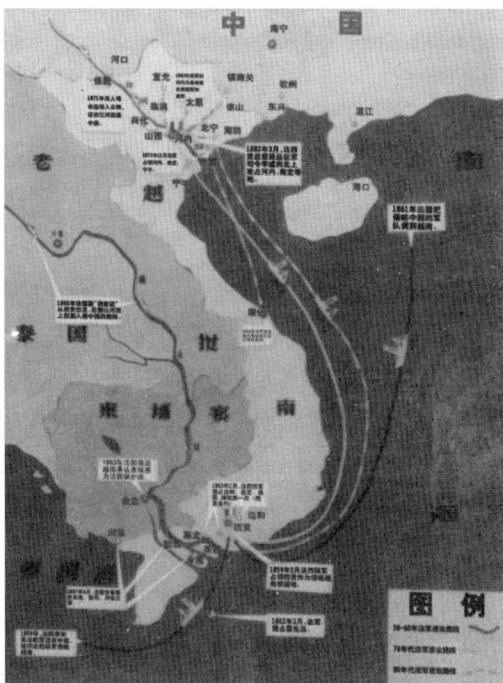

19世纪法国侵略越南示意图

面对法国咄咄逼人的进攻态势，清政府仍在是否应当援越抗法的问题上举棋不定。一方面，主持清朝军事外交的恭亲王奕䜣、直隶总督兼北洋大臣李鸿章均认为中国兵力太弱，主张妥协退让，承认法国对越南的殖民统治，以换取中越边境的暂时安定。另一方面，应越南政府要求，清政府增强了原驻越南北部桂军的力量，又命云南派兵出境，互为声援，并派人联络刘永福，共同应对法军的进攻。

刘永福与清朝官员的交往，可追溯至光绪七年（1881）法国起兵侵略越南北部时。当年黑旗军驻兵红河上游，刘永福考虑到黑旗军力量不足以打败船坚炮利的法军，于是亲往谅山与驻越清军记名提督统领左江左路防军黄桂兰见面，提出联合作战的建议，可惜没有得到回应。

光绪九年（1883）4月14日，广西灌阳人、清朝吏部副主事唐景崧请

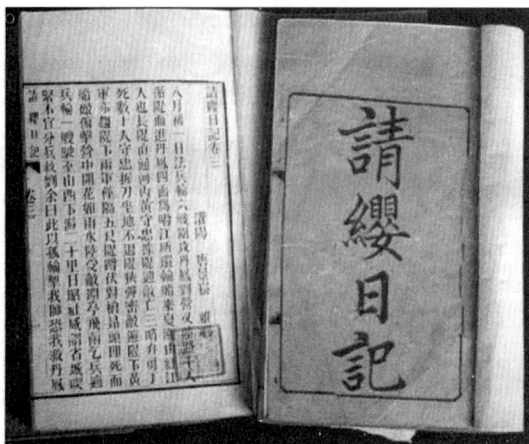

唐景崧《请缨日记》

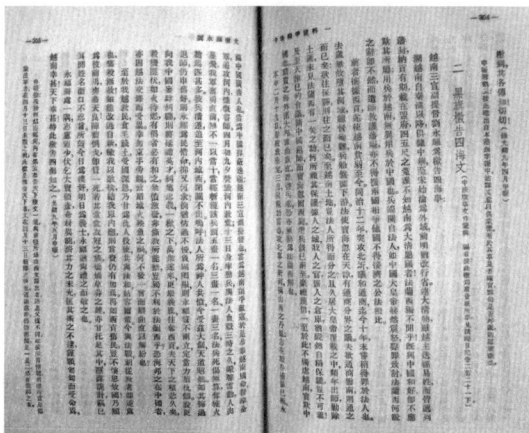

刘永福发布《黑旗檄告四海文》

缨前往越南，带着军机处和兵部的札子（古代官方公文中的下行文书）以四品游击将军的官衔招抚刘永福，以求其与清军联合抗法。唐景崧在山西与"敌人惮慑，疆吏荐扬"的刘永福相见，就黑旗军的前途提出了上、中、下三策请刘永福斟酌。上策是据保胜而定诸省，图越称王；中策是与清军配合，提全师击河内；下策为株守保胜，割据称雄。（后来唐景崧将此期间的日记整理成《请缨日记》刊印）刘永福采纳了唐景崧所提出的中策，决定督师河内，与清军合作，捍卫中国边疆。

4月下旬，李维业悍然调集炮舰和军队攻占河内及红河三角洲各重镇，进而强行开放红河，直窥云南。刘永福挥师东进抵达怀德府，部署抵挡法兵事宜。他将黑旗军分为三队，扼守北宁险要，占据京城顺化要道。战前，他派人在河内城墙张贴《黑旗檄告四海文》，痛斥法军"据人之城，状人之官，掳人之仓库，犹觍然自称保护，岂可不羞？及至天津已约会议，请中国退师，而宝海忽尔西旋，增兵倏已南至。

弃礼蔑信,一至于此!不独虐越南,实欺中国也",号召天下好汉义士共同抗法。

5月15日晚,刘永福派黄守忠率兵偷袭河内城外天主教堂,斩杀法国三圈教首三名和教士十余名,又火烧教堂,揭开了河内纸桥大战的序幕。

纸桥,是一座仅容十人并列通行的小桥,桥下河水早已干涸,桥东二里为河内城,桥西三里为大营,中一大道。刘营左右两边是稻田,中间是大道,林木丛杂,地形复杂。

5月19日凌晨,黄佐炎亲兵送来密报:河内城里法军准备黎明倾城出战。半夜时分,右营管带杨著恩接到法军向纸桥移动的情报,在未报告刘永福的情况下,立即带兵飞驰河内。刘永福接报后,马上部署右营管带杨著恩在道路右侧待敌,左营管带吴凤典在道路左侧埋伏,前营管带黄守忠、邓士昌扼住大道迎敌,刘永福自己亲率兵队在后指挥作战,其子刘成良统领亲兵与敌交锋,彼此接应。杨著恩飞驰至纸桥后,将兵分为三队,第一队据守桥边关帝庙,第二队埋伏于庙后,自己带亲兵为第三队扼守河内的大道。

天刚破晓,杨著恩引诱法军进入安决村,前后夹攻,两军展开激战。当法军司令官李维业率士兵在狭窄的纸桥上鱼贯穿行时,黑旗军抓住战机出击,将法军拖往纸桥边伏击圈内。埋伏在树林深处的黑旗军将士举枪齐发,李维业被两颗流弹射中大腿而倒地,晕死过去。法军开炮轰击关帝庙,房屋突然坍塌。原先枪声、炮声、人声沸腾的关帝庙,随即寂静无声。法军以为黑旗军已覆没,于是呼喊着冲过纸桥,一军官跃马至桥中,被黑旗军连人带马打翻下桥。法军见状,将队伍调整为十人一排,轮番放枪,直插关帝庙。在法军的前后夹击下,黑旗军右营第一队败退,第二队接战不力,杨著恩被流弹射中双腿倒在地上,坐起后又被子弹折断右手腕。此时,他望见远处有一佩戴金色肩章的法军将官骑着马、操着指挥刀在阵中奔腾,便立即卧倒伸直一只脚用脚趾头架住枪杆,扳开机枪待其跑近时,即对准发一弹,当场击中其头部,致其倒地,被击将官乃法军主帅李维业。身受重伤的杨著恩仍带伤扣发十六响手枪继续射向法兵，到第十三响时，不幸被飞弹击中胸膛，英勇阵亡，黑旗军右营全线崩溃。黄守忠督率前营与法军接战，被法军枪弹压得抬不起头来，吴凤典派左营第三队前往增援。黄守忠率前营直冲，吴凤典率左营横冲，两部人马横冲直撞，越战越勇，打得法军溃不成军。短兵相接时，刘永福率大刀队进行肉搏，大败法军。正午时分，刘成良指挥亲兵队直攻敌方中军。是役，黑旗军以一当十，奋勇杀敌，双方血战三小时，炮声雷动，血肉横飞。最后，黑旗军举刀肉搏，刀起头落，场面悲怆。法军溃败，逃回河内城闭关不出。

纸桥大捷画

此役中，黑旗军杀死法军正、副司令以及五圈、四圈军官各一名，三圈军官四名，一圈军官三名，法兵一百余名，伤者无数，缴获枪支、马匹一批。刘永福屡挫强敌，以少胜多，以弱胜强，还割下法军司令官李维业首级悬杆示众，沉重地打击了法军的士气，大大鼓舞了中越两地人民的斗志。而黑旗军也遭受到重大的损失，管带杨著恩阵亡，死伤将士七十余人。

越南王为表彰刘永福的赫赫战功，升授其为三宣提督，加封义良男爵，赏长翅冠、圆领广袖蟒袍等。前因失守南定被革职的统督黄佐炎及文武大小官员也官复原职。清广西巡抚倪恭录、云贵总督岑毓英、吏部主事唐景崧纷纷派出快马驰奏朝廷报捷。为了将法国侵略者的丑行告知天下，刘永福发布《檄文》揭露法军侵略行径，披露河内纸桥大战详情，表达了他为中国捍卫边疆，为越南削平敌寇的决心。

捷报传来，中越两国欢腾。广东省城绅民设立义捐局，集洋银九千元给黑旗军作军饷，在街上张贴八百黑旗军大败法国悍兵的宣传单，并以诗歌、绘画、口传的形式传颂黑旗军打败法军的事迹。一时间街头上"刘义打番鬼，愈打愈好睇"的民谣不胫而走，广为传播。上海《申报》在显著位置报道了刘永福抗法的事迹，并发表了《论黑旗刘义越南之捷》的评论，指出"今日之越人，用刘义之偏师，奏河内之大捷，洵足以振士气而固人心"。上海民众奔走相告，雀跃欢呼，"好事者绘图叫卖，日罄数千纸"。上海格致书院主持、洋务派谋士王韬也评论刘永福

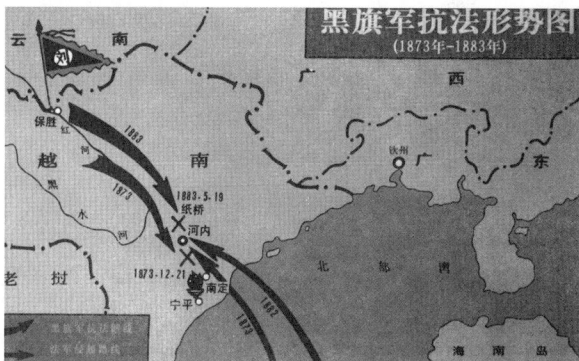

黑旗军抗法形势图

"质强而貌奇。出与之战，每战辄捷，计诱力攻，馘其枭帅，于是义声震于天下，义亦当今人杰矣"。中越边境的边民翻山越岭带着弓箭、长刀投奔刘永福；越南乡民担粮带酒，远道前往慰劳。刘永福打败法军、刀斩李维业的消息传到西方，震撼了世界。

纸桥大捷打破了法军不可战胜的神话，给清政府中的投降派一记响亮的耳光，也给朝中的主战派一个有力的支持，同时更促进了清政府对刘永福黑旗军的支持。10月，清政府下诏，要云贵总督岑毓英对刘永福黑旗军

暗中给予资助。广西布政使徐延旭对刘永福"助兵四百人，洋枪二百杆"的请求，最终虽未能募集到一兵一卒，但也曾接济过刘永福洋枪五百支，为清军"助刘团之始"。后来，清政府又援助二十万两，两广总督张之洞亦拨给一万两支持刘永福，使黑旗军与清军联合抗法，从而达到"牵敌以战越为上策，图越以用刘为实济"的目的。

怀德阻敌

  李维业被击毙的消息传到巴黎，法国全国上下哗然。法国政府决定将战争升级，增兵越南。海军中将孤拔被任命为交趾支那舰队司令，率领近万兵力，配备两百多门火炮、九百多辆军车，分乘十二艘铁甲兵舰和四十艘运输船，侵犯越南北部。光绪九年（1883）8月，法军兵分海陆两路，从越南南部出发，分别向越南都城顺化和黑旗军发动进攻。刘永福率领黑旗军迎战法海军少将波滑（一译波特），先后进行了怀德、丹凤阻击战和山西保卫战三场战役，长了黑旗军的士气，打击了法军的斗志。

  怀德位于河内附近，是越南北部军事重镇山西的外围屏障，也是黑旗军的重要根据地，黑旗军驻扎在这里，抵御法军入侵，保障一方安定，被当地官民倚为靠山。8月15日，法军将军波滑用加农炮和开花炮打头阵，率水陆两军攻击红河沿岸的黑旗军。在陆路方面，法军兵分五路，其中四队分别攻击黑旗军的前、左、右、武烈各营；另一队盘踞大道，专门对付刘永福的坐营。在水路方面，九艘法国兵舰溯红河而上，并配备陆战兵五百人随行，以隔断黑旗军武炜营与坐营的联络。而黑旗军方面，刘永福于坐营门前大树下督阵，传令各营不得擅动，在壁垒内埋伏精兵，以中军号令各营。

  战争打响，法军五路并进，枪炮齐鸣，猛扑黑旗军武烈营。当法军逼近时，刘永福中军号炮响起，埋伏在堡垒中的营将庞振云及众勇士破壁而出截击法军，与其打得难分难解。法军另一队直逼右营，营将韩伯铭突然打开营门，率敢死队从枪林弹雨中冲出，以一当十，奋勇杀敌；武烈营将士亦愈战愈勇，杀得法军血肉横飞、尸首遍地。为牵制法军进攻坐营，保护主帅，黑旗军前营、左营全力杀出，锐不可当。

法军用加农炮和开花炮轮番轰炸，黑旗军快枪队奋力还击，右营拼死扼守大路之石桥，屹立如山，寸步不移。刘永福见法军攻势猛烈，担心右营有失，率亲兵从大路冲入敌阵。法军看见刘字帅旗，惊骇不已，阵脚大乱。庞振云、韩伯铭两军合并，法军左右不能相顾，被刘永福亲兵枪击刀砍，黑旗军大获全胜。

红河上的九艘法军兵船用开花炮猛轰沿岸炮台，五百名法国陆战兵在炮火的掩护下登岸，黑旗军以仅有的三十支后膛枪与之对抗，法军始终未能接近炮台。双方酣战至黄昏，黑旗军前营管带黄守忠率兵增援，法军狼狈逃回船上。

越南高平范诚、严春芳致刘永福函

怀德之战历时七个小时之久，"两军之士，死命相持，法兵以整，黑旗以锐，洵称劲敌，然义气薄云霄，忠贞贯日月，合全军为一心，死生以之，存亡与共，则黑旗有足多也"。

此役当中，数黑旗军右营最为勇猛，立下头功。右营营将韩伯铭，广西南宁人，弱冠补弟子员，才华横溢，深受刘永福赏识。开战后，他单独带领一营士兵与法军对战，每战必身先士卒，勇猛杀敌。此外，武烈营庞振云仅有火枪五十支，与韩伯铭部配合，亦打出了黑旗军的威风。

丹凤阻击战

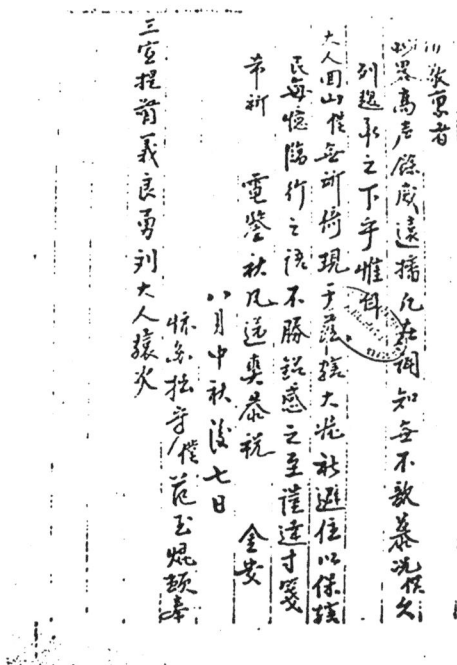

范玉焜寄给刘永福的信

丹凤地处河内通往山西的要道上。光绪九年（1883）8 月 17 日，法军抓住大雨滂沱、红河水涨的机会，决堤灌淹黑旗军营地，迫使黑旗军撤至丹凤县。怀德官民顿失靠山，怀德将成为法军砧板上的肉，越官范玉焜派员送信给驻扎在丹凤的刘永福说"自大人回山（西），仆无所倚"，并称刘"将略高声，余威远播，凡在闻知，无不歆慕"，体现了越南官民对刘永福的爱戴与敬佩。9 月 1 日，法军再次出动六艘兵舰和千余兵力，疯狂扑向黑旗军阵地。刘永福当机立断，兵分两路截击：命黄守忠、邓士昌率先锋队从正面拦截陆路来犯之敌；另一路抢占红河堤围阻止法军登陆。战中，"黑旗手持药包向法军齐掷"，伤敌无数，法军则"枪如雷轰，弹如雨下"，欲铲除黑旗军而后快。在枪林弹雨中，黑旗军猛将邓士昌被流弹击中阵亡，黄守忠部何四也被击中阵亡，士卒伤亡惨重。刘永福怒不可遏，迎着枪弹冒死冲入阵中厮杀，众将跟随他与法军展开肉搏战，场面悲壮。水路方面，黄守忠用三千斤大炮六发五中法国兵舰，让法军不敢登陆。连日激战下来，法军始终未能攻入黑旗军阵地，败退回营。此役，法军少将波滑因指挥不力，损兵折将，无功而返，被革职遣返法国。

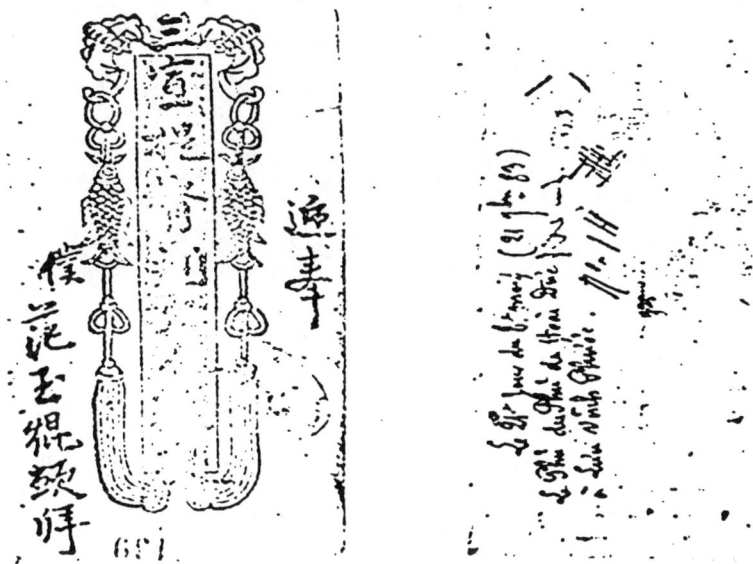

范玉焜寄给刘永福信的信封正面和背面

法国自此战后，与黑旗军对仗必怯，一闻刘永福大名便肝胆俱裂，阵脚大乱。丹凤战后，刘永福率黑旗军撤出了无险可守的丹凤，退至山西，联络驻守山西的清军，共同抵御法军的进攻。法军的另一路在孤拔的率领下，几乎不费一枪一弹便于8月中旬占领了越南京城门户安顺县，进占大沙洲等要隘，然后挺兵直逼京城顺化。兵临城下之际，越南政府打出白旗与法军议和，法军要以刘永福从保胜退兵为条件，于是越南政府命令刘永福退出保胜。对此，刘永福回答说："只要我活着一天，想拿回保胜，就得派兵来取，我倒要看看他有没有这个胆量。"法军果然不敢来取保胜。

侵越法军

越南王因法军进犯京城被迫与法议和，郁郁而终，法国乘机胁迫越南新王签订了第二次《顺化条约》，攫取了对越南的"保护权"。凭此，法国吞并越南并窥伺中国云南等地，使中国西南边境危机进一步加深。

山西保卫战

刘永福退守越南山西，独力支撑越南北部抗法战局，屡获大胜，引起了清政府中主战派的重视。他们建议将对黑旗军实行剿灭的政策改为加以利用和给予援助的政策。前任云贵总督刘长佑提出，要"阴结刘永福，许以暗助"；接任的岑毓英亦说："我军只宜分布边内要害，暗资刘永福以军饷、器械，使之固守，以拒法人，永福兵力甚精，地利甚熟，主客之形便，劳逸之殊势，法人不敢登岸与之力角，刘永福不为所并，越南势可稍延。"

在法国侵略越南进而觊觎我国云南时，清政府中的当权者开始转变态度，慈禧太后嘉许刘永福在援越抗法中的奋勇进取，同意一面暗助黑旗军抗法，一面调集清军，对法军实行正面抵抗。之后，清政府还先后两次拨给刘永福军饷三十万两，命令滇、桂清军与刘永福互通信息，加强防卫，互为声援。同时，清政府派驻法钦差曾纪泽与法方就越法新约中越南为法附属国的条文进行协商，并针对法军兵分海陆两军进攻越南北部的局势，部署清军分海陆两路抵御。主战场分为东线和西线，东线的粤桂军先后由广西巡抚徐延旭和接任的潘鼎新统率，西线的滇军和黑旗军则先后由云南巡抚唐炯和云贵总督岑毓英统率，实行联合作战。

中法协商尚在进行中，法军就已"于嘉林等处增筑炮台进逼北宁，意在声东击西乘虚袭取山西"，并派军舰在红河上来回穿梭，探听虚实。

越南北圻的红河三角洲，是由红河和太平江水系泥沙冲积而成的平原。它临北部湾，以越池为顶点，北起海防，南至带河口的海岸线，构成三角形地区，这里是清军在越南的第一道防线。位于河内以西的山西是滇军和桂军往来的要道，亦是北宁援军通向山西的唯一道路，山西一旦落入敌手，北宁将会成为孤城，难以保住。因此，对于中国军队来说，保住山西具有重要的战略意义，故清军加强了边境布防。山西之战爆发前，负责北圻东线防务的广西清军计三十余营，主要集结于北宁及其附近地区，由广西提督黄桂兰、道员赵沃担任前线指挥。驻守在山西的只有黑旗军三千人，以及12月初才赶到的云南岑毓英部莫东成三个营及广西黄桂兰部贾文贵、田福志两个营，共计五千人左右。刘永福军防守在山西浴江炮台和陆路要道及各关口。云南防军除进驻山西城外，还有总兵丁槐督带黔军三营出关，在兴化、山西一带扼守要塞。广西布政使徐延旭布防北宁，与退守山西的刘永福黑旗军成掎角之势，共同抗击法军。

光绪九年（1883）12月中旬，法国远征军总司令孤拔率领十二艘兵舰和六千兵力从河内出发，水陆并举地向山西发动疯狂的进攻。为了打好这场硬仗，刘永福发表《谕黑旗将士檄》，号召全体部众，如果法军进犯，就要"先登陷阵，奋不顾身，饥剥法夷之肤，渴饮法夷之血，灭此朝食，所向无前"。在清军未到之前，黑旗军独自一军出到河边迎敌，共打三仗。第一仗，法军出动大部队漫山遍野地扑向黑旗军，遭到预先布防在河边的黑旗军的截击，法军被斩首数十级，伤者无数，草草收兵。第二仗，法军再增兵，刘永福率黑旗精兵发动猛烈反击，法军败北。第三仗，法军出动全部兵力直逼山西城外，黑旗军与桂军、滇军合力阻击法军。法军司令官孤拔指挥法兵冒死挺进至山西省城边，桂军管带贾文贵见法军攻势猛烈，率先带兵由

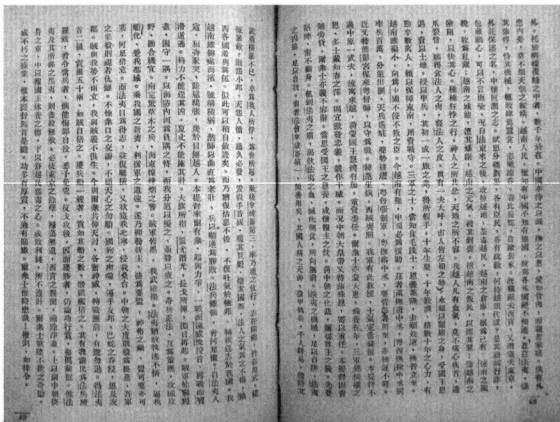

刘永福《谕黑旗将士檄》

西门逃走，滇军尾随，两军逃遁一空，在北宁隔岸观火，坐看黑旗军孤军奋战。唐景崧在山西城内，亦出走城外。刘永福率黑旗军拼死抵抗，直至江边炮台全部被轰坏，连处于中央位置的富沙主炮台也被法军攻陷。数日后，法军架起所有火炮，猛攻黑旗军阵地，还组织大军强攻山西城西门，河面上的敌舰也发炮狂轰城中，一时间火光冲天，烈焰腾腾。黑旗军拼力死守，伤亡惨重。刘永福决定弃城池，率领黑旗军几经力战，杀出一条血路，退往太原兴化。法军占领山西。至此，西线清军全部撤离，仅留刘永福的三千名黑旗军将士独力支撑西线战局。

为了扭转西线战区的被动局势，刘永福率军反攻山西法军，组织大小战役数十次之多，每战均有二三日之久，黑旗军将士浴血奋战，战况惨烈。然而，由于孤军作战，武器不精，枪弹不足，黑旗军最终被迫撤离。

光绪十年（1884）2月，岑毓英督率滇军十营兵力陆续进入兴化，同时命黑旗军按滇军制改编为十二营，派往北宁协防。

刘永福镇守北宁图，1884 年

　　3月9日，法军倾巢而出，围攻东线清军据守的北宁，攻下附近的两座炮台，使北宁失去屏障。岑毓英命刘永福火速驰援北宁，与北宁外围清军会合，出击法军。

　　当时，踞守北宁的黄桂兰的桂军躲在城里不敢出兵，黑旗军孤军奋战，连续两日两夜与法军鏖战，短兵相接，始终未能打退法军的进攻。在法军的重炮轰击下，北宁城被轰开了一个缺口，广西布政使徐延旭见势不妙，慌忙弃城逃跑，黑旗军亦弹药耗尽，北宁失守。

　　到3月止，清军在越南战场的山西和北宁两翼接连失败，黑旗军由北宁退守保胜，法军完全控制了北圻的红河三角洲。4月12日，法军炮轰兴化，黑旗军管带吴凤典率部击退法军于慕道社，从而牵制法军攻占宣光。

　　5月，清政府被迫接受法军提出的条款，派直隶总督兼北洋通商事务大臣李鸿章和法国在天津签订了《中法会议简明条款》，承认法国对越南的"保护权"，同意在中越边境开埠通商，并声明将北圻清军撤回边界，但未明确撤军时限。

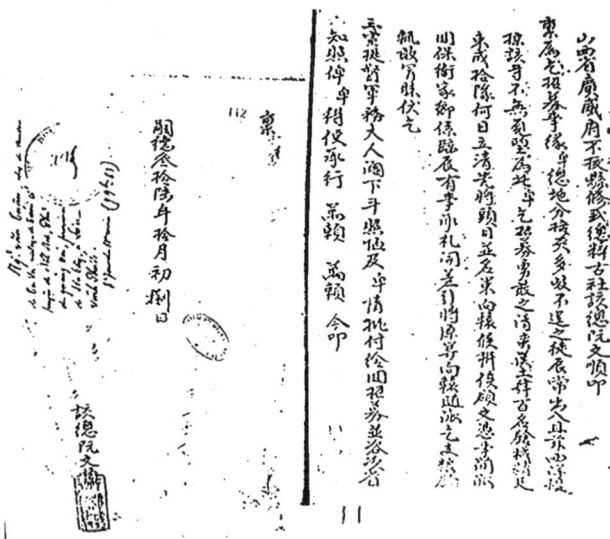

越南山西省该总阮文顺致刘永福函

6月23日，法军经宣光过谅山，推进至北黎的观音桥，企图强行接收清军阵地，被驻防清军苏元春部拒绝。法军即行开火，清军予以还击，法军败退，事后反诬中国"破坏"《中法会议简明条款》。这次事件史称"北黎冲突"或"观音桥事变"，成了法国扩大战争的借口。

参加中法战争

光绪十年（1884）7月，法国远东舰队司令、海军中将孤拔率舰队主力闯入福建马尾港。8月23日，孤拔舰队在马尾港发起突然袭击，福建水师舰船七艘被击沉，官兵伤亡七百余人，马尾船厂也被炸毁。8月26日，清政府正式对法国宣战，命令滇、桂两军分西、东两线对法军实行反击。

同日，清政府封刘永福为记名提督，赏戴花翎，并犒赏黑旗军兵勇内帑银五千两，限期进兵收复越南北部被法军侵占的省份。这标志着黑旗军正式与清军联合抗法。大军未动，粮草先行。刘永福上报朝廷要求拨给粮饷。光绪皇帝谕旨准从粤海关税银中拨出部分作黑旗军军饷，并再赏银五万两，命两广总督张之洞筹措妥当，押运至云南转交刘永福，并令统率所部先行，迅速克复法军所占越南各城。至光绪十一年（1885）3月，黑旗军除由云南省按月发给饷银五千两外，还从粤东商款项下得到二万两接济。为了增强作战能力，补充战争损员，黑旗军在保胜地区招募新勇，月饷参照楚淮各军饷章程核明发给。

清军在越南主战场全线败北，使中国云桂边境大门洞开。为扭转败局，清政府改组了军机处，以兵部尚

两广总督张之洞

书彭玉麟和新任两广总督张之洞全权负责主战场。

两广总督，是清朝九位最高级别的封疆大臣之一，总管广东、广西两省的军民政务，同时肩负着为抗法军队筹办饷械和调度指挥的实际责任。张之洞到广州接篆视事后，根据中法战争以来双方的态势，指出法军此时在越南大肆增兵，目的在于将东线的桂军驱逐出越南，而在西线暂取守势以拒滇军，因为桂近滇远，桂军所据的谅山一线直接威胁着已为法军所占据的北宁、河内等地，是法军"眉睫之患"。因此，张之洞提出"争越南以振全局"的战略构想，即在东线与法军决战，若能取胜，就可逐渐收复越南北部地区，迫使法军回救越南，解台湾之围。张之洞的战略构想得到了光绪皇帝的认可，得其授命全权指挥作战。据此，张之洞部署西线，由滇军与黑旗军联合作战，攻击宣光，夺取太原；东线战区的粤、桂两军从谅山出击，与西线军队会攻北宁、山西和河内等地，再挥师南下，把法国侵略者赶出越南。8月底，岑毓英转光绪皇帝上谕给刘永福："著刘永福带兵即进兵攻击法军，务要赶他出境方可止。"9月初，刘永福率黑旗军由保胜到宝河关。19日之后，岑毓英军陆续进入越南保胜，到宝河关与刘军会合。10月20日，刘永福收到两广总督照会，明确法人有意毁约，挑动战争。"各路统兵大臣著合力攻击，悉数驱除。"两广总督又转9月26日上谕："刘永福虽抱忠怀，而越南昧于知人，未加拔擢。该员本系中国人，即可收为我用，著以提督记名简放，并赏戴花翎，统率所部，出奇制胜，将法人侵占越南各城，迅图恢复。"岑毓英军计七八十营之多，驻扎在宝河关，命刘永福黑旗军挺进三圻、左旭，所到之处，需建营寨，牢固把守。岑军则分队逼近三圻城地面驻扎。

光绪十一年初，为加强西线兵力，张之洞举吏部主事唐景崧募集兵勇四营，号景字军，进入越南宣光一带，与刘永福黑旗军会合，取合围之势以牵制法军兵力。

围攻宣光

　　法军在三圻城内见岑军逼近，即号令出击，在城边扎了许多天花营。在云贵总督岑毓英的督率下，黑旗军及清军迅速奔赴抗法第一线，分兵进攻北圻法军，施用重型火药炸死、炸伤法兵无数，重挫法军的后援队伍，大败法军于北圻。岑军统领丁槐、何秀林分三路进攻天花营，大获全胜，并派重兵围困三圻城。

　　刘永福和岑毓英合议采用围城打援的战略，组织西线全线反攻，三天内连续多次击退增援的法军，夺获法军船只多艘。另外，他们还在河水浅处抛石塞河，放满木排截断水道，使法军援兵无法上岸。法军唯有趁河水暴涨之机，开动五艘兵船拖带十艘越南船，满载粮食和兵员，溯河而上，企图救援被困法军。刘永福运筹帷幄，命令吴凤典部埋伏在河边左域，黄守忠部布防在对河同章一带，而岑毓英军则布防在河的两岸，夹击法军。在黑旗军和岑部的勇猛打击下，法军死伤甚众，被迫后撤数十里等待救援。第二天，大批法军援兵又至，蜂拥登岸，冲向黑旗军阵地。黑旗军奋力抵御，无奈敌众我寡，最后被法军冲破防线，被迫后撤。滇军统领丁槐企图挟制黑旗军，经常要刘永福听从他的意见，刘永福深感折辱气节，虽与之抗争却被冷落不为礼。为避免争执再起，刘永福率军自请赴左旭打援，与丁槐部脱离。

左旭打援

为阻击从东线增援的法军，刘永福率黑旗军撤往左旭，对于左旭打援的重要性，张之洞认为事关能否牵制东线法军进攻，吸引其分兵驰援宣光，以减轻东线清军的压力，并为西线清军夺取宣光反攻胜利创造有利条件的大局。刘永福督率黑旗军在陆路设关卡，在水路架设浮桥障碍物，用以截断宣光法军与东线法军的水陆联系。为了迎击法军的再次反攻，刘永福运用黑旗军善于设险伏击的长处，部署设伏打援，从岑部调来两万斤火药，制成数百个火药箱和火药竹竿，埋入大道两旁坡地，堆砌成坟头状，铺上杂草，以作伪装。当东线法军的数千援军蜂拥而至时，黑旗军只派数百士卒上前迎战，佯装败仗逃跑，诱使法军进入伏击圈内。待法军入圈，刘永福命弓箭手射箭引爆火药箱，当场炸死、炸伤法军无数。接着中军吹响冲锋号，黑旗军伏兵四出，杀得法军抱头鼠窜，死伤惨重。是役，黑旗军缴获枪支器械无数，刘永福说是"自千百战斗以来，未有如此之大胜捷也"。

刘永福在法国侵略者横行无忌、清朝大军未到之际，以孤军迎敌，显示了其灵活善战的军事才能。清末湘军将领鲍超在中法战争时率部驻防云南白马关外备战。他在给光绪皇帝的密折中说："记名提督刘永福于大军未到之先，法逆横行之际，孤军当大敌，屡建奇勋，忠义奋发，谋勇兼优，实为不可多得之才。"并请旨饬刘永福军做向导，偕同并力进剿，以收臂助之力。

黑旗军取得左旭大捷后，岑毓英以六百里快马向朝廷奏报捷情，并开列在围攻宣光和左旭打援战中屡获胜仗、最为出力的文武官员的名单上奏请赏。两广总督张之洞也极力为刘永福请赏。

刘永福请云南总督岑毓英代为上奏的主要内容为：二品封职游击衔刘永福，该员督军打仗，每战必先，不避枪炮，屡建奇功，拟请以副将尽先补用，并赏给勇字花翎；都司职衔黄守忠、卢玉珍等三十七员名连年打仗，迭有斩擒，屡带重伤，颇著勤劳，黄守忠拟请以游击补用，守备衔吴凤典拟请以都司补用，赏戴花翎；同知职衔刘成良、文童刘成章、刘成业等十四员名，或办理营务文案，或分带勇营冲锋，久历行间，不避锋镝，刘成良等三员拟请以通判归部选用并请赏给五品顶戴花翎；已故管带右营武监生杨著恩请赏给骑都尉世职并入祀龙州昭忠祠；武官何承文、陆天球等八人，请赏给云骑尉世职并入祀各该原籍昭忠祠，以慰忠魂。云贵总督岑毓英特别上书称述刘永福历次战役的卓著功勋：与法军决战"身临前敌，叠获大胜"；剿办黄崇英股匪，光复夏和县城、文盘州、归化府陆安州；光绪十年与清军联合作战，调援北宁，调守大滩文盘州，开通红河，屡立战功；在围攻宣光和左旭打援中叠次获胜，夺获京板船五十余艘，军械旗帜一批，收复宣光属各处。慈禧太后、光绪皇帝很快就批准所奏，赏给刘永福黄马褂和依博德恩巴图鲁勇号（"巴图鲁"是蒙古语勇士的意思，清代满

光绪皇帝赠刘以来的诰封碑

族军人的最高荣誉称号，只有战功卓著的铁血死士才有资格获得），并赏给三代一品封典。6月27日，光绪皇帝赠刘永福父亲刘以来诰封碑："兹以尔子在宣光、临洮等处，大获全胜出力，赏给一品封典，赠尔为建威将

威将军，锡之诰命。曾祖父刘邦宝诰赠建威将军；祖父刘应豪钦赏一品封典，诰封建威将军；配李氏，封一品夫人；父亲刘以来钦赏一品封典，诰赠武功将军，钦赠建威将军，配陈氏，赠一品夫人；叔父刘以定钦赏一品封典，驰赠建威将军，诰赠武显将军。"此外，刘成良请免补本班以知州留滇尽先补用；黑旗军将士也依战绩予以奖赏。

镇南关大捷和西线反攻

为解救三圻之围，法军再次从东线增调大量兵员救援，战局进一步恶化，形势更为险峻。黑旗军在临洮附近与法军交锋，鏖战一日，终因弹绝又无岑军来援，吴凤典营、刘绍经营被攻破，朱二营又被攻破。岑毓英按兵不动作壁上观，致使黑旗军孤军奋战，弹绝无援，被迫退守清水沟。东线清军更没有抓住法军分兵解宣光之围的战机，及时发动进攻以配合西线作战，致使法军放手增援西线，依仗坚船利炮和源源不断的兵员配合，突破了左旭防线。滇军和黑旗军最终未能攻下宣光，被迫撤围后退。

法军进攻越南北部攻打镇南关

在东线，由于主持军务的广西巡抚潘鼎新执行李鸿章避战求和的密令，消极应战，株守谅山，多次贻误歼敌时机，在法军的进攻下节节败退至边境，边防要塞镇南关亦曾一度弃守。

在东线决战之时，张之洞正式起用卸任的广西提督冯子材，让他以帮办广西军务的名义去抵御法军。冯子材说："法虎跳梁，普天同愤，何敢以羼躯是异，坐视我藩属陵夷。"遂欣然领命。他当即以团练为基础，树旗召兵，数日间迅速组成十营共五千人的新军，名曰"萃军"。张之洞优先拨给军饷器械，允许冯子材陆续扩充到十八营共九千人。11月，萃军誓师出发，由钦州、上思进入越南，增援东线清军。不久，右江提督镇总兵王孝祺及参将莫善喜等率粤军三十四营共一万七千余人，相继到达广西龙州一带，准备进入越南抗击法军。

光绪十一年（1885）3月21日，冯子材与王孝祺率军袭击了在文渊的法军，虽然这次军事行动没有取得很大的战果，但起了不小的作用。法军统帅尼格里没想到"手下败将"居然上门挑衅，一怒之下，率领军队在准备不足的情况下猛攻镇南关。对于这一场恶战，冯子材誓言："法军再入关，何颜见粤民？必死拒之！"遂统兵十营与王孝祺、王德榜、苏元春等部，在镇南关内关前隘筑起长墙，连接东西岭，构成防御阵地，合力迎战三路来犯的法军。法军猛烈进攻，"炮声震山谷，枪弹积阵前厚寸许"，清军英勇战斗，击退了敌人。第二天，尼格里再次指挥法军进攻清军阵地。在法军接近长墙时，老将冯子材"持矛大呼"，亲自跃出长墙与敌人肉搏，跟在他身后的是他的两个儿子冯相荣、冯相华。"诸军以子材年七十，奋身陷阵，皆感奋，殊死斗"，法军终于难以支持，大败退走，战局一举扭转。这就是威震中外的镇南关大捷。乘大捷之势，冯子材又收复谅山，重伤法军司令尼格里。

为了迎接西线反击，刘永福派遣营官吴凤典、李语、魏名高等赴中国广西南宁、思恩、浔州、梧州各地招募兵员四千名，派营官胡崑山赴粤东肇庆府属之阳春、阳江县地方招募勇丁一千名，补充兵员，强壮黑旗军。不久，西线的刘永福在越南义军的配合下展开反攻，于临洮大败法军，接着攻下被法军侵占的广威府和黄岗、屯鹤江等州县，又败法军于兴化外围，陷马放逼太原，取得了西线反攻的胜利。与此同时，孤拔率法舰北犯浙江镇海，被清军开炮击伤数舰，仓皇而逃。9月底，法国舰队再犯台湾，沪尾（今台湾淡水港）军民坚守阵地，击退法军。自此，清政府取得了中法战争的主动权。

回归祖国

　　中国军队的节节胜利，使河内法军惶惶不可终日，时刻准备逃窜。光绪十一年（1885）3月，镇南关战败后，法国政府茹费里内阁随之倒台。其时，在英国操纵下的中法谈判正在巴黎进行，清政府中以李鸿章为代表的主张"乘胜即收"。同年4月，清政府和法国订立《中法停战条件》，使中法战争"不败而败"。条约签订后，清政府旋即命令前线将士停战撤兵。6月，李鸿章和法国驻华公使巴德诺在天津正式签订《中法会订越南条约十款》，重申《中法会议简明条款》有效，承认法国对越南的殖民统治，同意在云南、广西两省的中越边界开埠通商等。而法国承诺的唯一义务，就是从台澎地区撤兵，但前提是中国军队首先从越南北部撤走，即黑旗军不退保胜，法军亦不还澎湖。

光绪帝

　　5月5日，清政府命令关外各军及刘永福部一律撤回国内，实际上清军在《中法会订越南条约十款》签订前已经奉命撤回。至6月28日，滇军撤至云南河口，只有黑旗军继续扼守保胜，为反攻山西作准备。

　　刘永福听闻清政府已与法议和，只好立即停战，撤回保胜。随后，光绪皇帝连下九道谕旨要他退出保胜，带兵入关。

　　从4月8日至7月初近90天里，刘永福收到两广总督张之洞、云贵总督岑毓英、钦差督办广东军务兵部尚书彭玉麟、吏部主事唐景崧以及总署、北洋大臣等十几件照会、函信和文件，催他入关，他都毫不在意，以赶办不及拖延。6月12日，光绪皇帝谕旨"严催该提督即率所部迅回云界，再赴思、钦，不准稍有迟延，致令借口"。恐刘永福生变，驻扎在河口的云贵总督岑毓英也到保胜多次催促他入关。两广总督张之洞发来近似最后通牒的照会："倘再宕延，贵提督以后，更多窒碍。"张之洞还特派湖南试用州判孙鸿勋、记名总兵马宗骏、广东补用通判陈文墣前往保胜接刘永福入关，并许诺入关后当即发给行营木质关防、各营营官

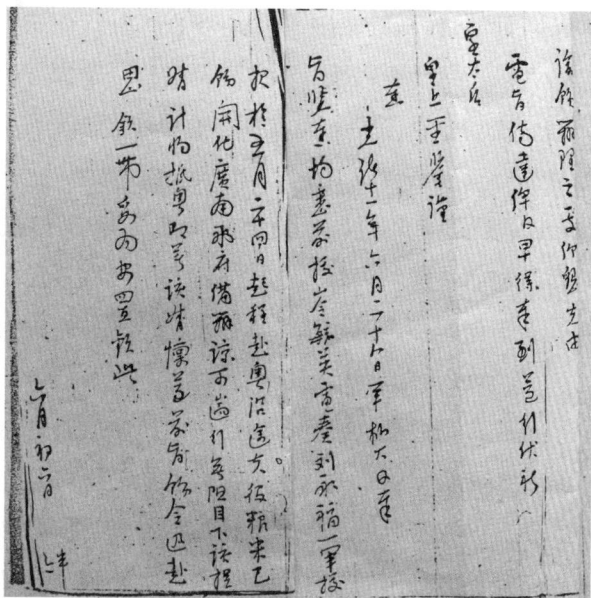

饬刘永福入关的谕旨

关防，再三警告刘部"遵旨启程入关，先至滇境，再来粤地，勿稍观望"。此后孙鸿勋一而再、再而三地深入刘永福大营劝导，使其部众"众心乐从，一波不起，全军开拔来粤"。而刘永福迟疑不决，按兵不动，因为他对回国后的命运深存忧虑，担心自己为清廷所不容；加之早前向粤督张之洞提出的发欠饷、代运送炮械、发给迁移家口川资和安置越南籍军士费用等要求，一直没有得到答复，更是心不能安。事实上，黑旗军进入越南已经将近二十年，刘永福受到越南政府重用，官至三宣提督，黑旗军在保胜建有坚固的营垒和炮台，山岭迂回，易守难攻，况且在三孟十洲筑室垦田，开山辟林，聚众耕牧，米粮充足，丁口蕃息。这是他们用心经营了二十载的热土。刘永福本人不愿意撤离，其部众更是难舍难离。

对于如何安置刘永福和黑旗军，清政府一直颇费踌躇。张之洞最初的意见是让黑旗军继续留在越南保胜，这样可以直接威胁法国在越南的统治，成为我国云南边境的一道屏障，胜则进取，败则退回国内。受到法国和谈条件的制约后，刘永福提出要回国驻兵南宁，张之洞急忙反对，说南宁自古以来是商贾之地，不宜驻兵屯垦。地方方面，云贵总督岑毓英更是以刘永福"累重而贫"为借口，不欢迎黑旗军留驻云南；广西按察使李秉衡又反对黑旗军驻桂。张之洞说："法恶刘、总署恶刘、北洋恶刘、岑恶刘。法恶之而甚畏之，故约以此为首。"他又指出刘永福自与清军实行联合作战起便是清朝武官，在抗击法军中屡战屡胜，绝无惩办的道理，因而再三奏请朝廷"严檄永福令其迅速启程，并旨先入云境再议东行一切措置之"，这样既可结束和谈僵局，又可保全抗法猛将刘永福。

至此，张之洞已推翻了自己早前提出的将刘永福安置到广西边远腹地或琼州孤岛的提议。他认为最为妥善的处理办法是把黑旗军安置于广东省城，使其归在自己的部下，以便直接掌控，同时更可借省城兵势压住黑旗军的气势，实现安插、保全、任使兼得。为了达到目的，张之洞先斩后奏同意刘永福统兵二千人到广东，许诺发给后膛精枪利炮和二万两银安置黑旗军部众家眷，以及为有功及伤亡将士奏请奖恤等。钦差督办广东军务、兵部尚书彭玉麟与曾国藩、左宗棠并称大清"三杰"，他上书光绪皇帝称刘永福乃"边才难得"，宜"授以边方武职，移扎内地，以示朝廷护惜之意，且旌其敌忾之忧"。至此，刘永福疑虑全消，同意于6月25日从保胜撤军回国。

不忘初心

光绪十一年（1885）7月6日，刘永福率黑旗军四千部众及眷属撤入云南文山南溪地界，张之洞闻报后如释重负。同月17日，光绪皇帝谕旨刘永福"饬令迅赴思、钦一带，妥为安置"；接着又谕旨刘永福尽快将各营兵勇汰弱留强，酌量裁并，并勤加操练，以固边防，并将裁兵节饷的实数和详细情形奏报朝廷。在云南南西县，刘永福遵旨裁兵，发给老弱残兵及其眷属每人银一条，就地遣散。随后率领三千精锐及其眷属，经普县、交趾城等地，于10月底到达广西百隘，乘船到百色。

在百色，刘永福接到谕旨"著赏给依博德恩巴图鲁勇号，并赏给三代一品封典"。张之洞应允的"记名提督统领福字全军关防"及福军管带，福军左、中、右、前、后各营营官关防也一并发给。在百色至南宁途中，在张之洞多次申令以及左江镇刘光裕、左江道彭世昌和粤省孙鸿勋的弹压及吏部主事唐景崧的劝导下，刘永福将自己和部下的眷属安置在宾州，遣散老弱和非战斗人员。11月初到达南宁时，黑旗军只有五营，每营二百人，亲兵二百名，共一千二百名。时张之洞由粤省义捐拨银四万两兑到南宁，以作黑旗军入关口粮。在梧州，张之洞派员解来号衣、包头各一千二百件。

光绪十二年（1886）1月29日，刘永福率黑旗军驰驱数千里水陆路，由南宁经梧州抵达粤东省城广州，屯兵于东门外十五里张之洞预先为其修筑的燕塘村龙船岗营盘，他本人则入住城内豪贤街公馆，四百亲兵也随他驻扎公馆。2月7日，刘永福到两广总督府拜见张之洞，要求增加号衣、包头二百件给亲兵用，张之洞说原已奏明在案，不能更改，额外增加的二百亲兵粮饷、军衣要自给。张之洞奉旨对刘永福进行考察，认为他本质纯朴，勇猛多谋，擅与洋人作战，入粤后治军纪律严明，具有统领之才干，于是奏请朝廷对刘永福"授以两粤一缺，并请明谕仍令带本部驻扎省城原防，训练部勇，听候调遣"。4月24日，光绪皇帝谕旨："刘永福已简放南澳镇总兵，仍著统带本部，驻扎原防，训练部勇，暂缓赴任。"5月3日，光绪皇帝谕旨："记名提督刘永福著补授南澳镇总兵。"直至9月，刘永福才正式赴任。此期间，他详加考察并运用越南实战经验对龙船岗营盘进行改建，使之更加适合御敌备战，改建工程耗时半月，花费一千八百两。

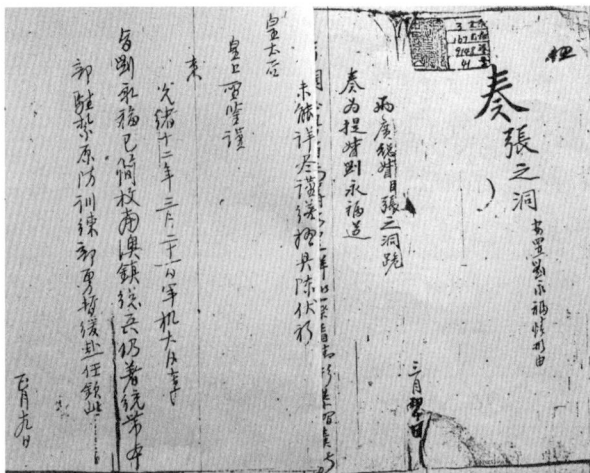

刘永福简放南澳镇总兵的谕旨

上京觐见

光绪十三年（1887）2月17日，刘永福上书谢恩并请求"束装北上祗领训言"，欲进京陛见皇上，光绪皇帝朱批"著来见"。直至9月26日，刘永福带领兵船巡洋甲子港洋面时，才接到两广总督张之洞信函，饬他上京陛见。刘永福当即将统巡洋务移交左营游击钟成全代巡，率亲信赶往广州。为何张之洞接圣旨数月才通知刘永福呢？原来此前刘永福所带福军五营被分拨四营前往琼州帮助剿办黎族起义，至平定后，要将福军裁撤三营以节约军饷，留下两营及亲兵一百名由刘永福继续操防。由于所裁兵多为随刘永福入关的边勇，需妥为安排遣资及船只，要到9、10月间才可启程赴京。8月初，张之洞以刘永福"朴质勇敢，长于驭兵"为由，举荐他接替赖镇边总兵署理碣石镇总兵篆务。9月18日，清政府调刘永福署碣石镇总兵。10月12日，刘永福和广东水师提督方耀同行，一路上受到各地官员和各国领事的上宾礼遇，"天下之人，无不想望风彩，愿得一见刘永福"。途经上海、天津两埠时，当地各国领事侨民在码头争相一睹大败法军的黑旗将军刘永福的风采，并对其脱帽鞠躬致礼，引致道路水泄不通。

驻天津直隶总督李鸿章亲自同刘永福考察大沽炮台，并向其讨教。刘永福直指大沽炮台，谓其为京津门户，对拱卫京师、御敌于国门之外具有十分重要的战略地位，现今炮台三面环水，一面连着陆地，等于是留下一条生路，一旦发生战事，炮台固然十分坚固，然守者有侥幸生存之心，无坚守之志，是为未尽善之处。李鸿章觉得言之有理，马上表示改进，并嘱他入京觐见皇上、皇太后时千万不要提及，刘永福答应了李鸿章的请求。

11月16日到达京师后，刘永福下榻两粤会馆。他在庆亲王奕劻的带

皇太后慈禧

清代探花李文田

领下觐见了皇太后慈禧。皇太后仔细端详刘永福说道："你就是能打败法国人的刘永福？真汉子耳。"然后欣然笑之，抚慰有加。刘永福又觐见了光绪皇帝，光绪皇帝对他"训谕周详"，并垂问粤疆海道咽喉虎门坚固程度如何，刘永福回答说，自己初到广州，尚未仔细考察，不敢妄加评论，但即使炮台再坚固，如果守卫者不负责任也难守住。

在京期间，刘永福会见了探花李文田。李文田是广东顺德人，时任翰林院编修，官至礼部侍郎，入值南书房。当年中法战争谅山前线吃紧，驻兵镇南关外的刘永福缺饷求援，就是李文田筹集巨款襄助，为黑旗军解危脱困。对此，刘永福心存感激，一直想找机会当面言谢，没想到这次在两粤会馆碰面了。李文田非常看重刘永福，常常在同僚中赞叹刘永福将军的韬略，认为他是旷世奇才。

12月上旬，刘永福离京返粤，经湖北鄂州时登临西山观松寻梅，探访先贤遗迹。历代名士苏轼等在西山习武修文的踪迹，令他意往神驰。当他知道苏轼在宋元祐元年于汴京作《武昌西山》诗，苏辙、黄庭坚等三十余名士唱和之事时，尤为感慨，不禁忆起越南抗法旧事，表露出对同僚部属的深厚感情。后来他书录《武昌西山》诗赠给部属，聊表心意。

光绪十四年（1888）3月下旬，刘永福一行回到省城。26日，慈禧皇太后赏赐给他的御笔"福"字一方、小卷八件和丝缎二件也由专人送到。不久，刘永福离开广州返回碣石镇署上任。

岭海镇臣

刘永福"岭海镇臣"印

刘永福自光绪十二年（1886）5月3日"补调闽粤南澳镇总兵"以来，张之洞一直对其详加考察，于光绪十三年（1887）9月18日以刘"朴质勇敢，长于驭兵"为由，命刘永福署理广东碣石镇总兵篆务。至光绪三十三年（1907）2月25日辞去碣石镇总兵止，刘永福在广东水师总兵任上，度过了二十一年。他自许为"岭海镇臣"，雕刻了"岭海镇臣"朱文印章，以表心迹。

南澳岛由三十七个大小岛屿组成，主岛面积128.35平方公里。海岛坐落在闽、粤、台三省交界海面，东距台湾高雄160海里，北距厦门97海里，距虎门1 110海里，往省城1 405海里。自明朝设镇，即受闽粤军门节制，又制两省之兵，协守漳、潮等处，驻兵用于打击盗贼、倭寇。

广东水师驻防南澳岛情形

刘永福接任南澳镇总兵篆务后，统领南澳镇标右营及镇属五营，共三千兵力。他以"百战以来未忘夫乡土，三宣远逊于中华"的初心，督率舟师驰驱南澳洋面，"凡海洋上下及各偏僻港汊，莫不竭历梭巡"。"南澳孤悬海外，商轮往来必经之区，举凡缉捕巡防、操兵会哨，在在均关紧要。"刘永福每年出洋督巡，分为上下班，上班自正月初一起至六月底止，统巡粤属本标右营、澄海二门、达濠各营洋面，班满时交澄海营参将接巡。下班自六月初一至九月底止，总巡闽属本标左营铜山营各洋面，班满交铜山营参将接巡。撤巡回营后，刘永福仍严格督促弁兵"按期尽力操练，俾其有勇知方"，并严饬戢巡员弁"留心缉捕，加意巡防，务期盗缉民安，静清俾政"，以完成朝廷绥靖海疆的任务。

广东碣石镇早在明初设卫建城，驻军把守，抵御东南沿海倭寇侵犯。清康熙三年（1664），碣石总兵苏利起兵抗清，致碣石城被清兵荡平。康熙八年（1669），重置碣石卫，复建碣石卫城。碣石为广东东西分洋界点，作为惠州府、潮州府的门户，其海防地位居重，战略地位无可替代。

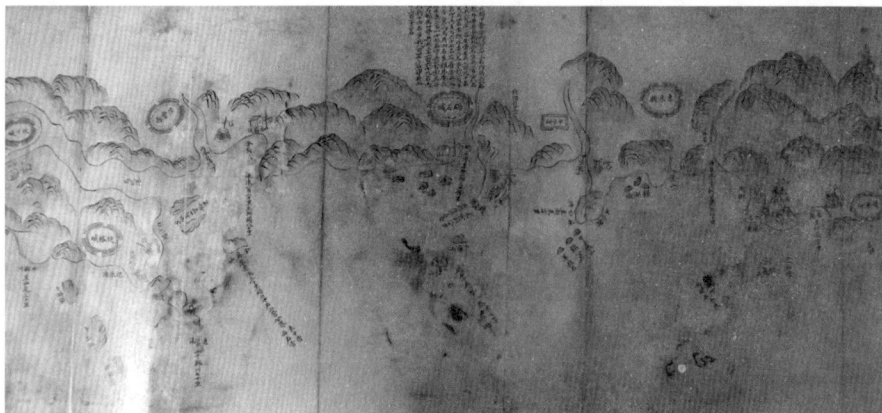

广东水师营兵驻防碣石镇情形

经过长时间的考察，张之洞终以刘永福"朴质勇敢，长于驭兵，堪以调署"为由，报经清政府批准，在光绪十三年（1887）9月18日将刘永福再调署广东碣石镇总兵篆务。至光绪十六年（1890）1月27日两广总督命其回南澳镇本任，刘永福在碣石镇总兵任上度过了三年。光绪二十六年（1900）3月14日，刘永福奉旨"调补广东碣石镇总兵"，直至光绪三十三年（1907）2月25日因病辞职。刘永福勘察碣石，认为"碣石逼近海滨，匪踪出没，筹办巡防，缉捕在在均关紧要"，表示"惟有勉竭血诚，随时整顿营伍，勤巡洋面，保卫地方，遇事禀咨抚督臣妥筹办理"。并驰抵碣石卫城任事。他除按例督率兵船巡洋外，特别注重"沿海各炮台炮位、官兵技艺及军装火药器械，俱于巡洋经过之便，分别会演考验，以期一律纯备"。

实际上，朝廷给他安排的不过是广东水师营的一个闲职。他不习惯这种安逸闲散的生活，心里想的仍然是"岭海镇臣"的重责和打仗练兵诸事，经常带领黑旗军的主要将领游历粤东的名山大川，勘察地形地物，筹划军事，购置军火枪炮，同时着手整编扩充队伍，训练兵员，随时听候调遣。光绪十六年（1890）10月中旬，他曾亲率南澳兵六营赴厦门，参加闽粤两省会操，检阅军队实力，彰显黑旗军风采。

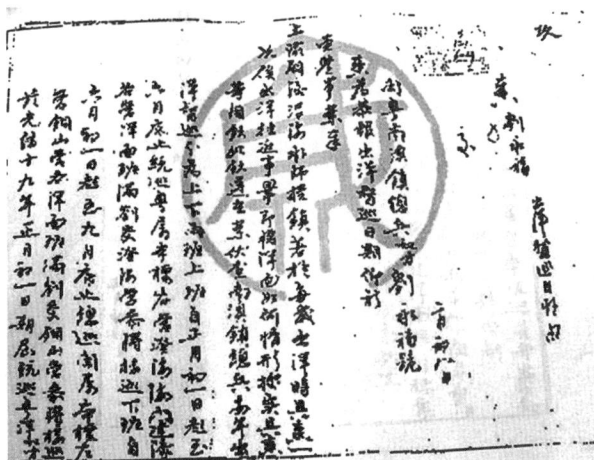

南澳镇总兵刘永福奏出洋督巡折，光绪十九年二月初八日

光绪二十年（1894）2月，皇太后懿旨："在廷臣工，业经降旨加恩。因念各省文武大臣，有久膺重寄，卓著勋劳者，允宜同膺懋赏。"南澳镇总兵刘永福著封一等男。

在刘永福招揽的人才当中，就有为世人所熟悉的黄飞鸿。黄飞鸿在省城仁安街开设跌打医馆"宝芝林"，治愈了刘永福在越南打仗时落下的风湿痹症。刘永福感激不已，当即向其赠送请两广总督张之洞题并书的"医艺精通"的木匾，并招致麾下担任军医官和武术教头，传授"铁线拳"和"飞铊"等绝技。黄飞鸿是广东佛山人，曾被聘为广州水师武术教练，并考取广州将军衙门"靖汛大旗手"职。甲午战争爆发后，他随刘永福赴台湾抗击日本侵略军，驻守台南，护台战斗失利后内渡回粤。

黄飞鸿

家人及三宣堂

刘永福常年征战在外，肩负着戍守南中国海的重担，与家人聚少离多。他一生只娶了黄美兰一人，从未纳妾。黄美兰在家排行第八，称八姑娘，婚后被尊称八姑。其曾祖父在云南南溪经营盐业发家，并置有田地数百亩。父黄宗桂，因与当地梁家发生田地纠纷，得刘永福仗义评理解决了纷争，两人交好，黄宗桂将女儿许配给刘永福。刘永福与黄美兰成亲后，生下三男三女，长子成章，次子成业，三子成文；长女英娇生于光绪五年（1879），取"英勇将军"之"英"字作纪念，以为名，许配冯子材长子冯相锟；二女（一说养女）秀蓉随父在台抗日，不幸牺牲，时年仅17岁。养子刘成良，本姓邓，家境贫寒，其父在中越边境一个小镇开打铁铺。同治五年（1866），刘永福途经打铁铺打刀，看见只有8岁的成良憨厚可爱，问他愿不愿意跟随自己，年幼的成良，竟然一口答应了。此后成良便伴随在刘永福的左右，南征北战。

黄美兰虽为女子，却常为丈夫出谋划策。光绪九年（1883）法军入侵河内，刘永福应越南政府邀请出兵抗法。法军有十多艘炮艇、三千多兵力，企图炸堤以成"水淹兵追"之计。这时，黄美兰建议先发制人，以"水缸计"退敌，刘永福依其计，找来大小水缸百余个，大缸装上草人及鞭炮。午夜，薄雾在河面铺上一层蒙蒙的轻纱，点燃缸中鞭炮，噼噼啪啪响声四起，火光闪闪。停在河中的法军炮艇以为黑旗军来了，慌乱向上游连续发炮，急忙起锚逃遁。到了下游湾位处，舰上官兵看到一些水缸浮靠船舷，都挤出来观看，两岸伏兵趁机齐齐射击，法军损失惨重。

又有一次，法军自称的"无敌马队"横行霸道，不可一世。黄美兰举儿时常见的"蜘蛛网丝缚蜻蜓"的事例，提出"蛛网缚蜓"战术，用"猪笼阵"堵截马队。刘永福听取夫人的计策，立即传令编织猪笼，按计而行。先是吴营先锋小分队偷袭法军，伪装撤退，敌人紧追小分队至山谷埋伏圈里才知中计，欲退时峡谷口沿途已抛下不少猪笼，法军战马踩进了猪笼竹洞里被套住，既不能跃，又不能跑，连人带马摔倒。狂妄的"无敌马队"被"猪笼阵"摧垮了。

刘永福对祖宗尤为敬重，不论是在援越抗法抑或移师广东省城期间，都经常回乡祭祀祖宗，以尽孝心。光绪十二年（1886），刘永福从越南回乡省亲期间，为奉祀其祖辈，与其部将刘荧倡议，在博白县城择地建宗祠。光绪十六年（1890），刘氏宗祠落成，砖木结构，三进九室，琉璃瓦筒盖顶，雷纹脊饰，壁画精湛，门额上书"刘氏宗祠"，门联为"青田世泽，白水家声"。漂泊在外半个世纪的刘永福宗族终于有了宗祠，也算是回乡认祖，落叶归根。

光绪十七年（1891）6月，刘永福借假回钦州扫墓，登门拜访冯子材。冯子材劝他说，钦州既是他的生地又是发祥地，他一生戎马倥偬，居无定所，现在是时候营建私宅了。原本并无打算在钦州置业的刘永福，便买下莫家旧宅，兴建私宅。因曾受越南王封为三宣提督，私宅遂定名为"三宣堂"。夫人黄美兰不随夫君到广东省城，留在钦州操办三宣堂建筑。刘永福委派刘肇基等到越南浔州采购血木杉等木料，运到广东省城，由省河运回钦州建屋。工程监工有覃鸿约、刘凤岗、刘西培、刘积藩等人，工匠有杨德盛等。

三宣堂位于钦州板桂街10号，晚清风格建筑，砖木结构，院落式布局，占地两万多平方米。内有门楼、照壁、主座、廊房、谷仓、书房、暗道以及大小厅房119间，还有戏台、花园、菜园、鱼塘、晒场、炮楼等附属建筑，规模宏大，布局独特，用料考究，造型端庄朴实。主屋深三进，坐北朝南，为中国式圆柱瓦檐，墙上有时贤豪杰、文武将臣、彩凤仙鹤等百余幅画，金饰彩绘，与雕梁画栋交相辉映。院后有一幢谷仓，据说有一

三宣堂

年，钦州大旱，刘永福让家人开仓提粮，在城内几个大的地方设粥厂，赈济灾民。因此，当地群众又叫它"济民仓"。至今还流传着当年的民谣："远亲不如近邻，近邻不如刘大人。年冬失收毋须慌，肚饿去找三宣堂。"

刘家素"以好善垂为家训"，心地善良，热心公众事务。凡乡间邻里有善事，刘永福及家人必举力支持，即使是力所不及的，也竭力扶持。部属中有想出国留洋的，他解囊相助；年老病弱的旧部或故去旧部遗孀上门求助时，他送银送粮助他们度过困境。

据刘永福三子刘成文之八女说，刘永福归国时，越南王曾许以一公主做妾，并以一串珍珠链作陪嫁。刘永福对黄美兰非常敬重，不肯纳其为妾，只供她在家中居住。后来此女不知何故，在刘永福床下安置炭炉与火药，欲谋害刘永福，所幸在爆炸前被发现，刘永福安然无恙。刘永福知晓后，却没有斥责与处罚，只是将她遣返越南。刘永福能在越南公主一案中幸免，全靠忠犬相救。事发当晚，刘永福正在酣睡，忽然所养大狗冲进寝室，数次拉扯刘永福被褥，无法安睡的刘永福命亲兵进房查看，竟发现床下即将爆炸的炸药，最终化险为夷。此后，刘永福带着大狗出生入死，视为家人。在广州驻守期间，他深爱的大黑狗死后，也专家厚葬。刘家至今不吃狗肉，就是刘永福立下的规矩。此外，为了保护家族安全，躲避可能的战乱，刘永福立下规定，刘家女孩都不可以穿耳洞和缠足，方便女扮男装逃生。

毅然赴台

光绪二十年（1894）7月，中日甲午战争爆发。当台湾告急的奏折传至京师，内务掌印给事中余联沅上折举荐刘永福，谓其"勇敢善战，出于性生，昔在越南为法人所深畏。但闻其人朴直无华，不可拘以文法，若有所牵制，恐弗克展其长而竟其用"。饬令督所部自成一队但重责以破敌。"该总兵虽属武夫，尚明大义，必能殚竭血诚图报效。"清政府命福建水师提督杨岐珍、南澳镇总兵刘永福带兵赴台救急。赴台前夕，皇太后特颁赏御笔"寿"字一方、小缎二匹及帽纬一厘，派专人送至帮办台湾防务刘永福处以示褒宠。刘永福上折谢恩，表示"惟有血诚勉竭，与三军共效驰驱"。

8月14日，刘永福接到谕旨："令酌带兵勇前往台湾，随同邵友濂办理防务。"随后，刘永福率领驻广州燕塘两营黑旗军旧部赴广东潮州、汕头，并在汕头招募两营新兵合共一千人。9月2日，清政府再电旨："著即赴台南。"3日，刘永福率黑旗军一千人分乘"威靖"号和"驾时"号两艘军舰开赴台南。抵达台南后，刘永福再奉令从台湾的散兵游勇中招募四营勇丁，将军队扩充至八营，近二千名兵力，仍称黑旗军。刘永福从旧部两营中抽调三百名军士组成"七星队"，作为黑旗军的先锋主力队伍。儿子成良、成业和女儿秀蓉也随父出征。

甫抵台南，刘永福察看军事设施，颇觉草率，即择地兴建营寨，修筑炮台，分兵驻守各处要塞，"殚竭血诚，一切筹防事宜，帮同邵友濂悉心办理"。

时任台湾巡抚的邵友濂无心抵御，忙于打通朝中"关节"，设法内调湖南。唐景崧弹劾邵督理台湾不善，邵被免职，授唐景崧署理台湾巡抚并督办全台军务。署理台湾巡抚唐景崧将驻防清军分驻于台北、台中、台南和台东各地，互不统属，各自为战，使本来已经薄弱的兵力更加分散，很不利于集中统一指挥和协调行动。刘永福对这样分散的防务系统深感忧虑，电奏朝廷台湾防务势处孤悬，四面受敌，提出"南北联络一气，临时堵御，呼应方灵"的方略。他还亲往台北府城面见唐景崧，力陈分散防守之弊，劝其改进防务，并提出将擅长防守的黑旗军移驻台北，可与唐景崧同处一地，方便帮办台湾防务诸事。然唐景崧以"新到粤勇千人，尚未成军，仓卒填防，部署未定"予以否定，刘永福喟然长叹："薇卿不谙军旅，徒聪明自用，必败事。"遂返回台南，加固阵地，构筑炮台，操兵练枪，整顿防务。

在清政府的妥协求和下，光绪二十一年（1895）3月，中国军队在辽东决战中遭到惨败。4月17日，《马关条约》在日本马关春帆楼签订，其第二款规定中国将台湾全岛及所有附属岛屿割让日本。割台消息传出，全国人民痛心疾首。"台人骤闻之，若午夜暴闻轰雷，惊骇无人色，奔走相告，聚哭于市中，夜以继日，哭声达于四野。"4月18日，台湾士绅丘逢甲刺指血书"拒倭守土"，上书抗议，表示"誓不服倭"，震动全国。一场声势浩大的反割台运动迅速在全台范围内兴起。

刘永福在台湾

为抵制割台，丘逢甲召集士绅联名抗争，要求坚留唐景崧抚台，请刘永福镇守台南，并自立"台湾民主国"，铸"总统"金印一颗，制"蓝地黄虎"国旗，推唐景崧为总统。4月24日，丘逢甲等士绅捧献"民主国总统印"给唐景崧，终因当日日舰来犯沪尾炮台而授印不成。唐景崧以"湘、淮勇丁到台不服水土，又虞吃紧之际，难于隔海招军，惟有就用台民之一法"为由，命工部主事丘逢甲"遴选头目，召集健儿，编伍在乡，不支公帑，有事择调，再给粮械"，总办全台义勇事宜。一时间，各地纷纷应声成立平倭团、抗日义军，参加保台战斗，其中以台南的徐骧、

丘逢甲

苗栗的吴汤兴、新竹的姜绍祖、云林的简精华、台北的简大狮以及嘉义的林昆岗所率领的义军队伍最为出名。"台绅林朝栋驻守狮球岭，林以击'生番'功，历保至道员、二品顶戴、赏穿黄马褂，所部皆百战之卒，且训练有法。"

与台湾人民共同抗击日军

光绪二十一年（1895）5月10日，日本政府任命海军大将桦山资纪为台湾总督兼军务司令官，率日本主力近卫师团兵分两路进犯台湾。18日，台湾接总理衙门弃台公文，"省垣罢市，游棍散勇思变，人心惧惶"。27日，日军在基隆登陆。清政府饬令在台官员内渡，28日，"藩司以次各官大半内渡。杨军门（杨岐珍）勇营扎基、沪后路，亦率内渡"。为了"免致日人借口"，清政府一面电令唐景崧开缺"来京陛见"，一面命李鸿章饬令李经方迅速"前往商办"，以示"中国并无不愿交割之意"。6月2日，在日军攻陷基隆的前一天，唐景崧受任"台湾民主国总统"，施行新政。同日，钦差帮办台湾防务、记名提督军门、闽粤南澳总镇、署福建台湾总镇、依博德恩巴图鲁刘永福率儿子成良、成业以及蒋国锦、刘立、吴端升等联名盟誓："万死不辞，一时千载，纵使片土之剩，一线之延，亦应保存，不令倭得。"同时，黑旗军与驻台各清军防军会盟：一律不得勾引汉奸，不得私通军情，不得临阵退缩，不得坐视不救；如有战事，务必互相援助，不得避险，不得争功；而于勇营，尤不得袒庇，各树门户；众人一心，兵民一气，不计生死，共御倭寇。

6月3日，日军攻陷基隆。"官绅纷散，火车、电报无人办理。"唐景崧奉旨"设法脱身，以免枝节"，于4日驾轮船内渡，但被台民严搜逃官内渡，无奈折返，得遇德国德几里洋行买办薛某相助，改穿洋兵服、短衣革履，跟随练勇队登上南精小轮船内渡。福建台湾镇总兵万国本差委标下中军李英将钦颁光字一千九十三号福建台湾镇总兵铜关防印、王命旗十杆副、未填用火牌三张、上谕圣训各书籍及恩赏生息银两、买典官庄契券等移交给刘永福,即接印任事,并接统镇海中军等营防勇。至此,署理台湾巡抚唐景崧、福建水师提督杨岐珍、台湾镇总兵万国本及统兵官廖得胜、余致廷等先后内渡,驻台清军由八十营减至二十营。之后,台湾士绅丘逢甲、林朝栋等人也相继内渡,留下刘永福独力支撑抗日保台大局,率部与台湾人民共同抗击日军。

独撑保台大局

　　光绪二十一年（1895）6月7日，日军不战而陷台北。在台北失陷、台中空虚、台南难保的危急形势下，刘永福以"钦差帮办台湾防务刘"的名义告示全台军民："台中台南一体，防御共誓和融。即率福军协剿，定复台北、基隆。"在他的号召下，淮楚各军同仇敌忾，坚守要隘，一心抗敌；台民有钱出钱，无钱出米，拿起刀枪棍棒共御外侮。留台士绅推举刘永福继任"台湾民主国总统"，三番五次地将"总统"银印送来，刘永福坚辞不受，仍以钦差帮办台湾防务之名统领抗日保台斗争。事实上，全台大小官员内渡时，都将其印送交刘永福保管，此时，刘永福实际上已统揽全台军民要政。他将作战指挥部从凤山迁往台南府城，派人接替内渡官员的空缺，恢复正常办公秩序，稳定政局；派人联络各地防军和台民义军，明确统属关系，统一号令；改进原防务系统，构筑以新竹为第一线的整体性防御体系，设置新竹、大甲溪、八卦山、曾文溪等主要防线；重新布置地段，调

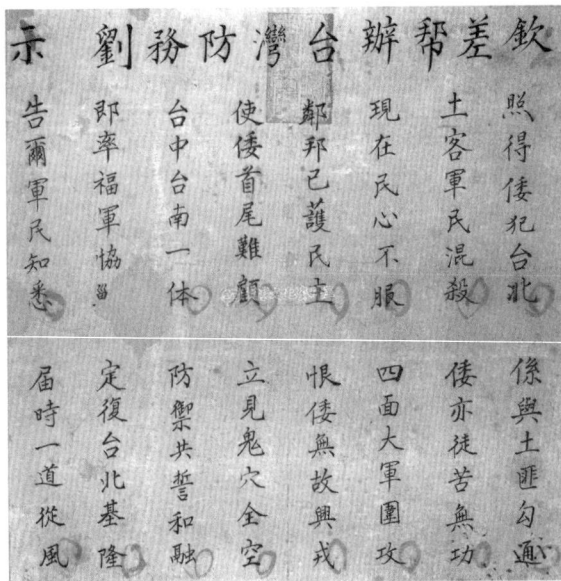

钦差帮办台湾防务刘永福告示

遣军队和义军扼守、巡防关卡要隘，加强防守，随时准备打击南下进犯的日军。为了保卫台湾，他把代理台南镇总兵杨泗洪、布政使顾兆熙和台中府知府、安平县知县、各防军统领以及义军领袖等请到台南府，商议抗击日军南侵大计。在刘永福的领导下，台湾防军士绅民众同仇敌忾，以坚忍不拔的精神，展开了艰苦卓绝的台湾保卫战。

团结抗敌

桦山资纪

日军占领台北后，成立台湾总督府，屠杀台湾人民，随意搜查行人，对台湾民众实行残酷统治。日军"台湾总督"桦山资纪妄图以重金为诱饵，送来劝降书，诱使刘永福弃台内渡。刘永福当即回书予以痛斥，表示自己既不敢忘效死勿去之心，更不忍视黎庶沉沦之苦，坚决拿起武器，誓死保护台民，成败得失，在所不辞。他表示，台南一隅，地虽褊小，但他的部下都是临阵敢死之士，兼有义民数万众，誓死抗敌。他将亲督将士，择日进征，克复台北，誓与台湾军民一起抗击日军侵略。桦山资纪见劝降不成，于是组织"南进司令部"，以台湾副总督高岛鞆之助中将为司令官，分三路攻占台南。第一路由近卫师团长北白川宫能久亲王率领的近卫师团为主力军，从彰化外围出击，进攻嘉义。至此，抗日保台大战揭开序幕。

日军在攻陷台北后，即以台北为基地，兵分两路，直扑台中。另派战舰运船三十艘满载兵械，全力进攻台南，直指安平海口。面对强敌压境，刘永福镇定地组织台湾军民进行英勇的抵抗。1895年6月，日军派出两艘战舰偷袭台南安平口，遭到刘永福亲自发炮轰击，被迫暂时放弃从海上包抄的打算，而加强对台中的陆路进犯。

台中是台南的陆路门户，台中失陷，台南便无险可守。倚靠台中一带山高地险、利于据守的地理形势，刘永福决定派重兵死守台中，消耗日军的有生力量，粉碎其乘势南下的计划。刘永福紧密团结各部义军，在保卫台中的战斗中，分别于新竹、大甲溪、彰化、嘉义等地，与日本侵略军作战数十次，沉重打击了侵略者的嚣张气焰。

日本侵略军"台湾总督府"

侵台日军盘查行人

血战彰化

　　1895 年 6 月 12 日，日军南下入侵台中新竹。刘永福命防守中路的新楚军副将杨紫云率部会同吴汤兴、姜绍祖和徐骧指挥的义军，在十八尖山和虎头山设伏，展开阻击战。杨紫云率军经大小二十余战，歼灭日军数千，终因寡不敌众，主动撤退。7 月 9 日，杨紫云、徐骧率军反攻新竹县城，敌我双方刀枪相见，血肉搏斗，伤亡惨重。杨紫云不幸中炮身亡，新竹落入敌手。

新竹阻击战

新竹失陷，杨紫云战死，情势危急。刘永福当即令据守彰化八卦山炮台的幕僚吴彭年为前敌主将，率黑旗军七星队驰援前线，加强大甲溪防线的守备，阻挡日军南下。8月13日，日军自新竹向苗栗挺进，遭到吴彭年等的奋力阻击，伤亡惨重。吴彭年率军穷追不舍，刘永福闻讯，急电告吴等各营切不可恃胜追击，严防日军由小路渡大甲溪，包抄八卦山。他又派遣忠满带兵连夜驰赴救援，果然不出所料，忠满还未到彰化，大甲溪已失。吴彭年退守八卦山，坚守大甲溪防线。8月28日，日军重金收买当地奸细，令其带路，从背后包抄八卦山，吴彭年与副将吴汤兴和徐骧率部血战八卦山，击毙日军近卫师团一千多人，打死日军少将山根信成。在这场悲壮的血战中，吴彭年战死，吴汤兴阵亡，黑旗军精锐大部分壮烈牺牲，只有徐骧率少数义军杀出重围，退往台南，彰化失守。第二天，日军又连续攻下云林等地。

黑旗军在台湾八卦山抗日

彰化失守，台南震动。为扭转战局，刘永福亲临各军激励士气，提振军心，部署彰化反击战。他授副将杨泗洪署台南镇总兵，统领五营，节制黑旗军前敌各军及各地义军，组织全线反攻。9月11日，日军增援台湾的第二师团从辽东到达台北，在海军的配合下，大举南犯。彰化反击战打响了。杨泗洪慷慨誓师，率所部和吉林炮队以及简精华义军，连克云林、苗栗的大片失地。刘永福命令各军合围彰化攻下县城，可惜粮饷无援，武器不精，始终未能打下。日军四万兵力三路围歼，杨泗洪等各路军队被迫退守嘉义。在伏击观音庙残敌的战斗中，杨泗洪扑墙而上，被日军大炮击中，重伤而死。

日军展开大规模反扑，再陷云林、苗栗，进逼嘉义，前线形势日益危急。刘永福从台南亲赴嘉义前敌诸营部署嘉义保卫战，制定了诱敌深入、后发制人、消耗敌人、待机反攻的战略。他以部将王德标和义军首领徐骧为前敌主将，命王德标率黑旗军七星队驰援前敌，与徐骧义军会合，死守嘉义。接着，他又赶回台南部署海防。此时，刘永福在台南驻防的军队有恒春驻军五营，统领官区声；旗店驻兵二营，统领刘成良，又管带一营，营官杨德兴；凤山驻兵一营，营官叶某；来港驻兵三营，统领吴光宗；白沙墩驻兵五营，统带张占魁。此外布袋嘴驻兵三营，宵隆墟驻兵五营，草湖驻兵五营，还有民团二十余营。10月11日，日军重兵进攻嘉义守军，王德标、徐骧率军与日军展开殊死搏斗，炸死日军七百余人。第二天，在日军的疯狂攻击下，王德标、徐骧率军撤出嘉义。

被迫内渡

　　嘉义陷落，刘永福部署的台中防线全面崩溃，抗日保台斗争陷入困境。其实早在割台之时，清政府就命令守台主要官吏和清军主力陆续内渡，使台湾防御濒临瓦解；同时命沿海各处不必过问台湾事务，不能自行输送粮食军械到台；又令闽浙总督谭钟麟"著海口、官弁严行禁止"；派李鸿章坐镇上海，将内地援助台湾抗战的军械和粮饷截留下来，封锁和断绝了内地对台湾抗日保台斗争的联系和援助。因唐景崧在"奉旨内渡"时，已将台湾藩库的存银和火药枪弹全部带走，致使藩库空虚，军械粮饷严重紧缺。

　　为了解决军饷，刘永福发行银圆票和邮票，加强海关税收，向凤山盐商筹款，组织民众义捐，才勉强解决了防军的伙食。但没过多久，英、法银行拒用台南官银票，防军饥困难挨，要粮的呼声日急。刚开始每军发粮钱千两，后改为发粮钱四百两、银票六百，二十天后只能全发银票，至9月底银票变成废纸。巨大的财政困

刘永福发行的邮票

难，将刘永福推入绝境。他急电沿海督抚乞助粮饷，并派幕僚吴桐林和

刘永福以悬赏激励义军克复台北

刘成良当年镇守的旗后炮台遗址

特使易顺鼎、吴质卿、罗绮章等内渡求援，又向福州边宝泉，广州谭钟麟、马玉山，山海关刘坤一，天津王文韶，烟台李秉衡，南京张之洞等制军抚军，以及北京翁同龢求助，结果是"遍走海洋，无一应者"，连曾经表示愿意接济台湾抗战所需之军饷的张之洞、谭钟麟，也改变了初衷，拒绝对刘永福的一切援助。无奈之下，刘永福派遣第三队统领钟满及何士轮等人乘轮船回到厦门购买枪械、子弹和硝药，输往台南，但也无法改变黑旗军缺乏军饷的窘境。后彰化府知府也买船内渡厦门，刘成良审度情势不可持久，曾力请内渡。刘永福说："虽无粮食，顾我若行，何以对台中百姓？"不同意内渡。他仰天长叹："内地诸公误我，我误台民！"在艰难困苦中，刘永福挺起腰杆，以大将的非凡气度，继续抗日保台，对立有军功的义军委以重任，悬赏十万元激励绅民义士领头率队克复台北。

　　日军在补足给养后，以四万兵力和三十余艘军舰，在布袋嘴和枋寮登陆，兵分三路进犯台南。此时台南只有福字三营、新楚军三营和镇海军二营，兵力严重不足。面对日军的三路围攻，刘永福组织前敌防军进行最后的抵抗。他亲自前往曾文溪布防，任命王德标和徐骧为前敌主将。后转至打狗港，命其子成良率黑旗军一营扼守旗后炮台，布设水雷，阻击日军登陆。当六艘日军军舰袭击打狗港时，刘成良登炮台据守，使日舰不敢靠近。夜间，日军在奸细的带领下由小路登岸，迂回至炮台后面进行袭击，攻下大营，围攻炮台。刘成良率军拼死抵抗了两天，终因将士饥肠辘辘，无力应战，退守台南。

台南抗倭

　　10月16日，日军近三万兵力向曾文溪发动猛烈进攻。面对数倍于己之敌，王德标军冒着炮火进行殊死战斗，最后全军悉数伤亡。前敌主将徐骧率高山族七百勇士与敌人展开决战，不幸中弹牺牲。日军突破台南外围防线，重重围困台南城。在粮饷已绝、人心思变的情况下，刘永福曾暗中提出"息兵议和"，但被日军南进司令官高岛鞆之助拒绝。"议和"不成，刘永福将作战指挥部从台南府城衙署迁至安平炮台，继续组织抵抗。

时日军倾水陆之师围困台南，以兵舰堵塞港口，各卡均有军舰驻扎，并有二汽船往来巡梭。台南外援已绝，又饷械两亏，局势相当严峻。10月18日，守军饥饿无食，大部溃散。当晚，日军从各路向台南逼近，城内土匪蜂起，秩序大乱，军心已散，城池岌岌可危。刘永福想返回城内，遭到部将的劝阻。10月19日，日军大举进攻安平炮台，刘永福小女儿秀蓉临阵牺牲，刘永福亲自登台发炮，无奈敌我双方力量悬殊，黑旗

台湾安平古堡大炮

军再无回天之力。刘永福见大势已去，仰天恸哭。最后，在部将的掩护下，潜至安平港口，趁夜登上停泊在港口外的英国商船"嗲利士"号。日本巡逻船开至"嗲利士"号登船搜寻，刘永福得中国籍船员的帮助，最终躲过了日军的搜查。翌日早上，"嗲利士"号离港驶往厦门。21日，日军破城后搜寻不到刘永福，又派"八重山"号军舰追上"嗲利士"号商船再次搜捕。刘永福躲藏在锅炉间未被搜出，最终安全抵达厦门。至此，刘永福领导的台湾抗战宣告失败。

但刘永福和台湾军民在外无救援、内缺粮饷的困局下，坚持浴血奋战四个多月，英勇地抗击了日军两个近代化师团和一个海军舰队共五万人的进攻，击毙日军近卫师团长、陆军中将北白川宫能久亲王，第二旅团长、陆军少将山根信成，令日本因伤亡和疾病减员达三万多人，沉重地打击了侵略者。可以说，日本军队在侵台中所付出的惨重代价，是其在整个甲午战争海陆主战场上所付代价的两倍以上。刘永福和台湾人民

的抗日保台斗争，谱写了中华民族反抗帝国主义侵略的悲壮篇章，充分
显示了中华民族不畏强暴、勇于斗争、誓死捍卫民族尊严和领土完整的
气概。

刘永福擒获日军头目图

基隆惩寇

永福归穗

光绪二十一年（1895）10月下旬，刘永福从台南乘"嗲利士"号商船抵达厦门，得屈臣氏华人经理凌竹箫及商贾陈前亭外甥董肯堂相助，于翌日到达漳州。刘永福以"跋履艰危，衣冠不备"请镇、道、府大小官员易常服来见，三天后转道漳浦乘船回粤东省城。一路上途经饶平、黄冈、南澳之东隆汛、澄海到达汕头，在叶福源茶庄歇息。之后再乘船过潮阳、海门，上岸陆行一日到惠来县，被迎入游击公署居住。以后历数日至稔山，由小河乘船到达省城广州。

自从束发投军以来，刘永福身经百次以上的战事，屡战屡胜，可此次保台抗日斗争却以黑旗军全军覆灭为结局，对他是一个沉重的打击。黑旗军参军记室吴桐林说，刘军门每每念及台湾土地与百姓之沦丧不保，不禁潸然泪下。吴记室曾以诗言志："话到君山涕泪多，秦廷愧我几番过。三千士卒埋荒冢，百万生灵丧海波。"

刘永福入见两广总督谭钟麟，以兵折地失引咎自责，谭钟麟好言相慰：胜负乃兵家常事，不足介怀。并说此次扼守台南孤岛，屡挫强敌，以粮尽弹绝归来，非战之罪，希望他留在广州任职。但刘永福拒绝了谭钟麟的好意，以"久驻台湾，积受瘴淫，牵动伤病"及"居省无事"等由，请假回钦州。11月26日，谭钟麟上奏朝廷"南澳与澎湖对照，刘永福再任斯缺（南澳镇总兵），人地实未相宜"，请准刘永福"开缺回籍"。清政府批准刘永福回籍调治，待病痊愈后再安排职官。于是刘永福典卖了广州豪贤街刘公馆，带着亲信旧部于光绪二十二年（1896）2月回到钦州，从此隐居三宣堂，过起了安逸的生活。

抑暴安民

光绪二十三年（1897）底，国内时局更为动荡不安，在内忧外患日益加重的形势下，两广总督谭钟麟连连电催刘永福出山辅政。适逢德国以解决"曹州教案"为借口，出兵山东，刘永福以为清政府要重新起用他驱逐外敌，于是搭乘谭钟麟派来的"安福"号轮船，赶往广州。到达广州后，刘永福住进了八旗会馆。然而抗敌无期，谭钟麟却让他任军械总局总办，他以不善文职为由婉拒。后来在他的力争下，谭钟麟允准他招募新兵组建新黑旗军。

刘永福只身前往广西南宁招兵，又令其子成章往钦州招兵。之后两人在南宁会合，正式组建新黑旗军（又称"两广督标管带福军"），共四营两千人，并重新任命了军中健将：前营管带花翎候补知县刘成章、左营蓝翎千总李德新、右营花翎都司廖发秀、花炮营游击柯壬贵。不久，新黑旗军移师广东省城，仍驻城东黑旗军的旧营盘。为巩固防卫，刘永福出钱出力重新修葺旧营，新建炮房及东西闸门。新黑旗军在刘永福的统率下，整饬纪

刘义亭碑

律，操兵习技。1937 年，湖南省长何云樵在荡然无存的黑旗军营盘遗址上捐资建造刘义亭，并邀时任中山大学校长邹鲁撰写纪念碑文，为刘永福留下一处纪念地。

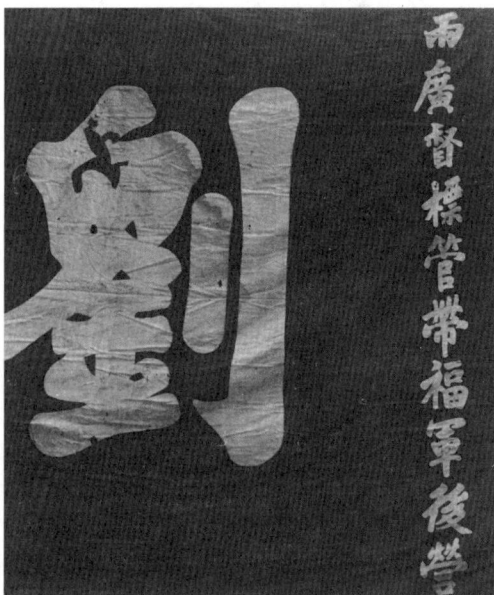

两广督标管带福军后营旗

光绪二十三年（1897）7月，在广州府辖南海县罗格围，关、罗两姓为争地皮建将军庙发生械斗。关姓乡绅诬告罗姓"聚众谋反"，要求谭钟麟派兵镇压，遭到罗姓乡民的激烈反抗。谭钟麟命刘永福率十营兵前往围剿，要他务必将罗格围各匪一概剿尽，免贻后患。

刘永福抵达罗格围后，阻止先行来到的清兵的烧杀行为，再召集关、罗两姓乡绅父老查明事件的起因，调解矛盾，促使双方立约永不械斗。回到广州后，刘永福面陈谭钟麟，说该处百姓皆属良民，只因一时激愤，彼此误会，致启衅隙，实非聚众倡乱。他还担保罗格围人等断无聚众为乱，妨碍治安的情形，才令谭钟麟放弃血洗罗格围的计划，使数十万乡民免遭杀身之祸。

光绪二十五年（1899）8 月间，广州北郊通天三元村李姓与小布村黄姓中有人在石井圩因赌博发生争执，酿成两姓械斗。时任两广总督李瀚章即派数营清兵前往镇压，但两姓族人已打得难解难分，各不相让，于是他命刘永福率军前往助战。刘永福调两营士卒千人并花炮四尊抵达三元村，时村民李氏族人六七千人已齐集李氏宗祠等待出发。忽见黑旗军浩荡而来，李氏族人如惊弓之鸟四散，奔往大石马和小石马二村，攻打该二村黄姓族人。刘永福采用各个击破的策略，指挥清兵将两姓人群分割成几段，逐段将两姓乡民扯开，收缴器械，驱逐出场，平息械斗；并严厉训斥两姓管事，责令其不准再生事端。

刘永福与驻地百姓相处融洽，常与当地刘姓宗亲来往。由于铁禅和尚的关系，他亦常到北郊夏茅探访，参与出资建造夏茅合族祠刘氏家庙。出征台湾抗日保台前，刘永福曾专程前往夏茅北帝庙求神作福，回来后，又到北帝庙烧香还神，题写"祀受帝祉"横匾，奉于庙内。

同年9月，有数千土匪在肇庆府四会县（今广宁县）古水圩深涧、英涧聚众闹事，抢劫船只，勒索恐吓乡民。当地官军前往围剿，土匪凭险据守，杀死、杀伤数人。总督李瀚章闻报，命刘永福统率军队前往剿匪。

刘永福接令后，立刻率领黑旗军四营及杨瑞山诚字营前往古水围歼土匪，派遣柯壬贵花炮营进军英涧，前营张来深入深涧，自己则率领大部人马进入古水圩。土匪占山为巢，仅有一条小路通向外面，而内部则有三条路通至洞口，形势险固，易守难攻。刘永福以其在越南大败黄崇英匪帮的经验，命令擒贼先擒王。他在当地人的指引下，派兵扼守古水圩各要隘，引匪出洞，八个匪首擒获了七个，只有一个逃脱。

在驻守省城的日子里，像古水剿匪这样的军事行动仅有一两次，而刘永福大部分时间都是在近郊处理宗族械斗或百姓纠纷等琐事。

广州东郊有十几个小村，经常遭受大村的欺凌。其中有一个叫石人窿的小村，大村的一些无赖之徒常去偷鸡、偷鸭、偷谷，甚至连耕牛也被抢去，村民苦不堪言。有一次，村民因争夺水源打伤了大村的人，大村的无赖之徒带齐大刀、棍棒前来寻仇，声言要踏平石人窿。村民惶恐不安，慌忙请求刘永福出面调停。大村村民见刘永福干预事件，便说：如果是刘大人的人，赔些汤药费用就不再追究了。最终，刘永福一句话就制止了本来要发生的一场械斗。石人窿村民为铭记刘永福的恩情，把石人窿改名永福村。附近的几条小村听说以后，也想得到刘永福的庇护，便也将村名改为永福村。至今，广州沙河一带仍有永福路、永福正街、永福北约等路名、街名。

　　闲暇之余，刘永福特别喜欢书写一个他独创的"虎"字，该字一笔挥就，字体结构独特。早年，刘永福在家乡上山砍柴时，困卧石头上，曾做过一个黑虎梦，在梦想的激发下，他束发从军，跃马横戈，英勇抗敌，常常梦想像猛虎一样杀敌卫国，抵御外侮。在广州期间，他经常与同僚攀爬白云山，登高望远。峰峦叠嶂，佳木葱茏，勾起他对戎马生涯的回忆，对家人、旧部的想念，令他不禁感慨万分。光绪二十四年（1898）10月23日重阳节，刘永福率部将登白云山，回营后，踌躇满志的他挥笔写下了奇特的"虎"字，以表心迹。后来同僚将他书就的"虎"字镌刻在白云山能仁寺前的摩崖上。

白云山能仁寺的"虎"字摩崖石刻

建造刘氏家庙

白云山麓沙河之南是一处宝地，那里抬头能见白云山由西向东蜿蜒而来，山头白云缭绕，林木葳蕤，两条清溪从山顶湍流而下，在沙河坑处汇合，有"二龙抢珠"之势，加上前有龙岗，后有瘦狗岭，风水甚佳。刘永福十分喜欢这块宝地，光绪二十四年（1898）夏，他决定在此兴建一座刘氏家庙。

刘氏家庙是刘永福在广州建造的唯一大宅，由刘永福与石井夏茅乡刘氏族人及六榕寺住持铁禅和尚共同筹建，沙河周边刘姓村民也出钱出物，添砖加瓦。铁禅和尚为夏茅乡人，俗家亦姓刘，其兄曾在黑旗军中作医官，因此铁禅和尚在尚未出家前就与刘永福相熟，刘永福视其为子侄。铁禅和尚时与刘永福登白云山游玩，登高祈福，并不忘为刘永福建筑大宅相地。

光绪二十六年（1900），刘氏家庙落成。这是一座具有典型岭南建筑风格的祠堂式建筑，坐北向南，深两进，两侧设廊庑，前后以天井相隔。硬山顶，正脊有灰塑凤凰、山水图案。人字封火山墙，蓝色琉璃瓦当，如意形滴水。山墙墀头有砖雕，封檐板雕花繁复精美。青砖墙磨砖对缝，花岗岩勒脚。石门额上刻"刘氏家庙"。后进明间后金柱上有刘永福所撰对联："策马从南越归来构数橼用妥先灵敢说声威留穗石；整旅入神京捍卫把两字徧贻同姓合存忠孝耀彭城。"外金柱上是顺德苏若瑚撰写的对联："尚书恩泽学士词章奕世犹留佳话在；星岫云横沙河水绕此间宜有夏声来。"

刘永福在广州沙河兴建的刘氏家庙，门额为苏若瑚所题

当年刘永福使用过的太师椅，现存于刘氏家庙内

刘永福所撰对联

　　苏若瑚是李文田的学生，晚清岭南著名书法家、诗人，其楷书有魏唐古碑神韵，精气内敛，曾有人以白银二百两作润笔费请其为陈氏宗祠题写门额。苏若瑚为刘氏家庙题写的"刘氏家庙"四个大字，明俊秀逸，有龙

跃天门的气势与笔致。

　　家庙完工后，刘永福在后进明间摆设神龛，供奉父母和先祖的神位。每逢父母生辰死忌，他就穿上官服，守到天明。家庙左侧有忠义祠，专为供奉阵亡的黑旗将士，可惜在抗日战争广州被占领期间，被日军炸毁了。自家庙落成后，刘永福从八旗会馆搬到家庙居住，家庙现存一对缺了靠背的酸枝木太师椅，乃是当年刘永福使用过的家具。

碣石镇总兵

　　光绪二十六年（1900）3 月 24 日，刘永福奉旨调补广东碣石镇总兵，率领兵船总巡碣石洋面，缉匪安民，再次圆梦海疆。6 月，由于义和团运动的爆发，八国联军入侵京师，广东巡抚德寿接替李鸿章兼署两广总督，奉上谕调刘永福北上勤王。刘永福救驾心切，率儿子、女婿及下属罗绮章、何思逊等从珠江天字埠头乘船先行，黑旗军六营大军次日始行，途经乐昌、宜章等地，于 10 月间抵达衡阳。

　　此时，孙中山领导革命党人举行了反抗清朝封建统治的惠州起义，清政府调集各路大军实行镇压。史坚如为了配合郑士良在惠州的起义，变卖家产购置炸药，挖地道谋炸广东巡抚兼总督德寿。28 日凌晨，一声轰隆巨响，睡梦中的广东巡抚德寿被震堕落地，吓得魂飞魄散。大难不死的德寿接二连三电令北进途中的刘永福火速回师广州。但当刘永福回师广州时，惠州起义已被镇压，德寿命他到惠州、稔山等处驻扎。11 月底，刘永福率军居惠州，住玄妙观，命李联周营守淡水，廖发秀营守稔山，张万春营守平山，张来营守饭后洞，黄龙昭营及柯壬贵营驻惠州府城。未几，德寿从惠州安宁调花炮队柯壬贵营移防肇庆，李联周营移驻广州近郊猪头山（火炉山），张万春营也移防肇庆，归柯壬贵节制。至此，刘永福帐下仅黑旗军三营而已。至光绪二十八年（1902）7 月 30 日，他才奉两广总督陶模命令驰抵碣石卫城接篆上任，钦领署碣石镇总兵莫善喜差委署中营中军游击吴祥光送来的道字一百七十三号广东碣石水师总兵官关防印一枚，王命旗牌五面杆副暨节奉上谕书籍、火牌、文卷等。8 月 2 日，刘永福上折谢恩，表达自己刚补授南阳镇总兵尚未赴任，便获优渥调补广东碣石镇总兵，

"惟有勉竭血诚，随时整顿营伍，勤巡洋面，保卫地方"。自此至光绪三十三年（1907）初卸任时止，他每年"亲率舟师认真督缉，所幸洋面又要地方平静"。刘永福督率中、左、右及平海四营在碣石与南澳"上下交界洋面往来督缉"，在甲子和佛堂门海面与澄海营参将兵船及水师提督标中军参将兵船依期会哨，深入沿海各炮台炮位检查官兵技术及军装火药器械等装备状况，组织会演，提高员弁军事能力。不巡洋时，则撤回营内办理营务。刘永福每年都上折报告巡洋情况，光绪皇帝御批只有三个字"知道了"。

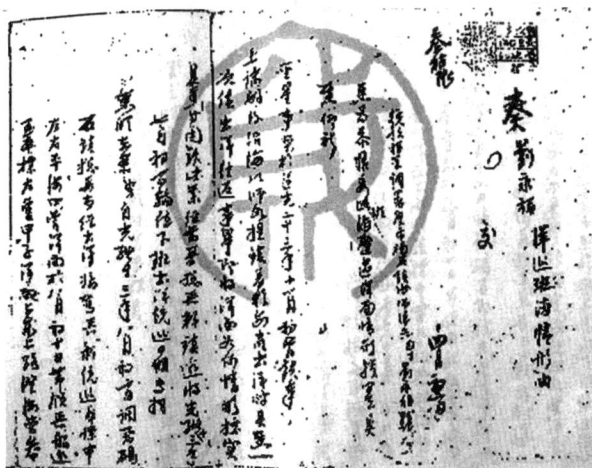

碣石镇总兵刘永福奏出洋督巡折，光绪十四年四月初二日

光绪二十九年（1903），陶模调黑旗军一营移驻南海县西樵官山，刘永福以所部四营已被分驻各地，所余两营又不在左右，徒有总兵之名而无足轻重，请求去职，最后以新任两广总督岑春煊不准而罢。随着长年征战留下的风湿病症愈来愈重，加上两广总督已以各种借口把他的兵权削得差不多了，刘永福不禁心灰意冷，很少参与政事。

光绪三十二年（1906）5月间，刘永福因病禀请两广总督岑春煊批准给假离任医治。至年底，他又向两广总督兼广东巡抚周馥申请开缺回钦州调理。翌年 1 月 21 日，周馥上奏朝廷请准刘永福开缺回籍医调病患，称他"前在关外军营感受风淫瘴疬，流注筋络骨节。现当垂暮之年精力难支，愈发愈重，苟非宽以时日从容调理，难望瘳痊"，"恳奏请开缺在籍调理"。2 月 25 日，清朝政府批准刘永福辞去广东碣石镇总兵职务，回籍医调。

刘永福交卸印篆奏折

襄助越南革命

刘永福会见越南革命志士的
刘氏家庙东厢房

宣统二年（1910），越南维新运动领导人潘佩珠被日本东京警察当局驱逐出境，辗转到广州，联络在广州的越南革命志士开展抗法救国斗争，专程登门拜访刘永福。两人一见如故，秉烛夜谈甚欢。1912年3月，潘佩珠在刘氏家庙召开会议，一致通过将维新会改组为光复会，易君主立宪为民主共和。推举潘佩珠为会长（一说阮疆柢为会长，潘佩珠、苏少楼为副会长），领导越南人民的抗法斗争。其间，他在刘氏家庙的厢房里会见了越南革命运动的另一领导人潘周桢，共商越南抗法救国大计。此后，越南革命志士阮诚宪、阮尚贤等都曾以刘氏家庙为联络点，进行革命活动。光复会副会长苏少楼亦在刘氏家庙会见越南王室近支阮述，说服其与光复会合作，共商反法大计。阮述为越南王族，封振忠将军，授北圻协统军务大臣，越法和议后安家落户于韶关，与刘永福往来甚密，每至广州必寓于刘氏家庙。后来潘佩珠筹划援越军队时，阮述请刘永福出任首领，刘以年老无能婉辞，但许诺若义师举事时，当号召钦州子弟及旧部并肩作战，义不容辞。为了支持和帮助越南革命志士归国领导抗法救国运动，刘永福亲自安排黑旗军旧部沿途接应和护送潘佩珠等归国，保证他们安全抵达越南。

整饬民军

广东民团总长刘永福与民军首领在东园合影

宣统三年（1911）4 月 27 日，孙中山领导的同盟会在广州发动武装起义，攻打两广总督署，震动全国。七十四岁的刘永福虽然从 1907 年就回到钦州闲居，心却没有闲下来，听到同盟会起义的消息后，他不顾年高体弱，立刻打道回广州。10 月 10 日，湖北革命党人和新军在武昌举行武装起义，占领武昌，号召各省起义。11 月 9 日，广东宣布和平独立，推举同盟会南方支部部长胡汉民为广东都督，正式组成广东军政府。早在 10 月 30 日，刘永福就由广州到香港，在南方支部参加同盟会，11 月 14 日，从香港返回广州，仍住刘氏家庙。此时，纷纷涌入广州的各路民军纪律性较差，与大批反正的新军、防营、绿营、旗营时有矛盾，给军政府的财政和广州的社会治安带来了严重的困扰。为此，军政府颁布军令，严肃军纪，划分驻防范围；成立民团督办处，任命刘永福为民团总局局长，以统一民军。12 月 19 日，刘永福正式就职广东民团总长，以珠江边的八旗会馆为省民团公署，部署民军的整编。

当时涌进广州的民军有王和顺的"惠军"和陈炯明的"循军"等约五六十股共十余万人，番号繁多，内部成分复杂，纪律松散。他们各占地盘，设卡收税，甚至打家劫舍，胡作非为，影响社会安定。

为此，刘永福发布《粤省民团总长刘永福之通告》，整饬军纪，统一节制，并提出整治措施：一为"鼓其忠义之气"。民军参加辛亥革命的动机不一，要以忠义统一各路民军的思想，维系各路民军的团结，使其愿意服从军政府的统一节制。二为"筹军饷"。在军政府财政困难、民军的军饷无从补给的情况下，切实解决民军的军饷粮食补给问题，稳定军心。三为整治军纪，严明纪律，使民军做到令行禁止，整齐划一。他又明确划分了民军驻地范围，在遇有危险警报的情况时能按以下四路出击：中路拱卫广州府及阳江一带；东路出击惠潮梅属；西路剑指高雷直达钦州、琼崖；北路出击韶关、连州，相互配合，互为犄角。

刘永福在香港参加同盟会

在刘永福的整顿下，民军的无政府状态得到了有效控制，私设的关卡被拆除，社会秩序逐步好转，胡汉民等政要出巡都不用带卫兵。对此，胡汉民深为赞赏，将自己早前题写的"见义勇为"匾额赠予刘永福。

胡汉民题写的匾额

　　12 月下旬，孙中山经香港归国，要胡汉民北上协助组织民国政府，副都督陈炯明接任广东都督，独揽广东军政大权。此时，军政府财政紧张，对于民团，每旬只发粮食，没有薪资，后来粮食也不能如数发给。一向对民军持有歧视态度的陈炯明，以解决财政困难为由，排斥异己，采取"裁弱留强"的办法，将大多数民军遣散，只有少数民军被编入正规军队。这导致刘永福对民军的治理举步维艰，处处受掣肘。无奈之下，刘永福萌生去意，1912 年终于辞去了民团总局局长职务，率部乘"宝壁"兵舰返回钦州。途经海南岛琼山时，当地民众开会欢迎，盛极一时。之后转乘深航兵舰返抵钦州。

壮心不已

刘永福晚年的最后几年是在家乡钦州度过的。1915年，袁世凯为取得日本对其复辟帝制的承认，竟接受日本提出的旨在灭亡中国的"二十一条"。刘永福听到这一消息后，"一时愤慨填胸，白发怒举，面赤亮如重枣，目稜欲射人"。他立即在祖堂召集全家人和家庭教师、旧部，"抗电北庭，请缨与战"；并表示，如果日本逞凶，他愿以七十九岁的"老朽之躯"充当先锋，与宿敌决一死战。当年《申报》载："粤人刘永福前在越南战功卓著，满清之季，知机退隐，及到广东反正，再肩负重任，为民团总长。现闻库俄协约，奋勇请缨，爱国热诚，英风尚在。"

慈禧太后御书赐"福"木匾

1916年，刘永福从钦州带着家眷到父辈的老家博白县东平镇那担岭祭拜，兼做八十大寿，历时五天。早在光绪二年（1876）冬，刘永福从越南回广西省亲，就曾以钦赏四品顶戴权充越南三宣提督保胜防御使十二世裔孙的名义，给刘氏宗祠一副对联："祖泽孔长佑启后人远绍台乌事业；宗功不振荫于孙子克绳殿虎家声。"横批"德荫宗支"。此次，他又把慈禧太后御书赐给的"福"字制成木匾挂上了祖堂。

1917年1月9日（民国丁巳年十二月十六日），清末名将刘永福在钦州三宣堂去世，享年八十岁。刘永福临终遗言：

予起迹田间，出治军旅，一生惟以忠君爱国为本。无论事越事清，皆本此赤心，以图报称。故临阵不畏死，居官不要钱，虽幸战绩颇著，上邀国恩，中越均授以提督之职，居武臣极地，亦可谓荣矣。然予心惕惕，终不以官爵为荣，只知捍卫社稷，不使外洋欺我中国为责任。此身虽老，热血常存。现今国事日危，外强虎视，若中政府不早定大计，任选贤将，练兵筹饷，振起纲维，各省督军不知和衷共济，竭力为国，以救危亡，因循坐误，内乱交作，蛮夷野性，必乘机入寇，割据瓜分，亡国奴隶，知所不免。吾今已矣，行将就木，恨不能起而再统师干，削平丑类，以强祖国。儿曹均已成立，各宜发奋为雄，抱定强种主义，投军报效，以竟予未了之志。倘为国用，自宜竭力驰驱，不惜以铁血铸山河，强大种族，以期臻于五大洲最强美之国。若不能见用于时，亦宜将于之遗嘱，遍告当轴名公，求其人告大总统，务以尊贤任能为急务。远小人，贱货色，严边防，慎取舍，旁求山林逸才，延揽智谋健将；惜民力以裕财源，养民气以威夷狄；集群策群力，以鞭笞天下，则天下之尚力者，自然入我范围而不敢抗。如是，则国基巩固，国势富强，吾虽死，九泉之下，亦将额首而颂太和。

刘永福墓

刘永福死后安葬在钦州沙埠镇沙寮村老虎头岭上。该墓面向大海，墓后是稻田、山冈、绿地，这是他一生热恋的故土。

前清总兵，民族英雄刘永福，毕生为抵抗外侮不屈不挠，骁勇善战，功盖于世，英灵同天，其为人之风范永远为后世所景仰和缅怀。

后　语

在中国近代史上，刘永福是一个特色鲜明的人物。在中法战争、中日战争的外敌入侵面前，他骁勇善战，临阵不畏死，一生唯以爱国为本。大半个世纪以来，对于刘永福的介绍少之又少，学界有论者认为刘永福在两次民族战争中未能善终，评说他的是非功过只能毁誉参半。2006 年卸任原职退休后，我便在天河区博物馆开始了刘永福的研究工作。2011 年 2 月，应广东人民出版社之约，我为"岭南文化知识书系·南粤先贤"撰写了《刘永福》一书，该书采用通俗读物的形式，图文并茂，文字精练，寓知识性于可读性之中，得到群众的喜爱，目前已是第三次重印。为了更深入地研究刘永福黑旗军历史，近五年来，我和天河区博物馆同仁多次前往广东、广西、云南、福建、江苏、北京等地，查阅历史档案，实地踏勘考察，影像录影，访问历史见证人，与历史学家研讨，使资料更加全面，更加接近刘永福的历史真实。2013 年深秋，我在国家博物馆参观"复兴之路"大型展览，看到了刘永福的照片出现在版面上。我意识到，作为一百多年前中国人民反抗外来侵略的代表之一的刘永福被肯定了。去年秋，受天河区博物馆余彦馆长、李宏标副馆长嘱托，我举重病之身，以之前拙作《刘永福》为指引，撰写了本书，将晚清名将刘永福那些真实的事儿呈现给大家。

主　编

2018 年 6 月